essentials

Essentials liefern aktuelles Wissen in konzentrierter Form. Die Essenz dessen, worauf es als „State-of-the-Art" in der gegenwärtigen Fachdiskussion oder in der Praxis ankommt. Essentials informieren schnell, unkompliziert und verständlich

- als Einführung in ein aktuelles Thema aus Ihrem Fachgebiet
- als Einstieg in ein für Sie noch unbekanntes Themenfeld
- als Einblick, um zum Thema mitreden zu können

Die Bücher in elektronischer und gedruckter Form bringen das Expertenwissen von Springer-Fachautoren kompakt zur Darstellung. Sie sind besonders für die Nutzung als eBook auf Tablet-PCs, eBook-Readern und Smartphones geeignet.

Essentials: Wissensbausteine aus den Wirtschafts, Sozial- und Geisteswissenschaften, aus Technik und Naturwissenschaften sowie aus Medizin, Psychologie und Gesundheitsberufen. Von renommierten Autoren aller Springer-Verlagsmarken.

Wolf Rainer Wendt

Sozialwirtschaft kompakt

Grundzüge der Sozialwirtschaftslehre

2. überarbeitete und erweiterte Auflage des Buchs „Sozialwirtschaft. Ein Brevier ihrer Lehre", das als Band 31 der Centaurus Paper Apps erschienen ist.

Wolf Rainer Wendt
Duale Hochschule BW
Stuttgart
Deutschland

ISSN 2197-6708 ISSN 2197-6716 (electronic)
essentials
ISBN 978-3-658-11883-9 ISBN 978-3-658-11884-6 (eBook)
DOI 10.1007/978-3-658-11884-6

Die Deutsche Nationalbibliothek verzeichnet diese Publikation in der Deutschen Nationalbiblio-
grafie; detaillierte bibliografische Daten sind im Internet über http://dnb.d-nb.de abrufbar.

Springer VS

Gedruckt auf säurefreiem und chlorfrei gebleichtem Papier

Springer Fachmedien Wiesbaden ist Teil der Fachverlagsgruppe Springer Science+Business Media
(www.springer.com)

Vorwort

Der Text dieses Essentials stellt großenteils eine Neubearbeitung des Bandes „Sozialwirtschaft. Ein Brevier ihrer Lehre" dar, der 2013 im Centaurus Verlag, Freiburg i. Br., erschien. Textteile sind hinzugekommen und andere wurden dem Format der *Essentials* angepasst.

Was Sie in diesem Essential finden können

- Definitionen der Sozialwirtschaft
- Die institutionelle und funktionale Verortung der Sozialwirtschaft
- Eine Analyse des Versorgungsgeschehens
- Die produktive Funktion haushaltenden Sorgens
- Ein Leistungsvermögen, das sich verbessern lässt

Inhaltsverzeichnis

Einleitung

1

Das Wohlergehen von Menschen ist wie die Behebung von Not und Elend eine Gemeinschaftsaufgabe. Sie kann alltäglich im engen Kreis des Zusammenlebens, in einer zweckmäßigen Organisation der Selbsthilfe oder mit einem ausdifferenzierten System von Diensten und Einrichtungen erfüllt werden. Die Dispositionen, die dazu getroffen werden, bilden den Handlungsbereich der Sozialwirtschaft. Sie leistet *Versorgung* nach den Erfordernissen, welche sich zum Unterhalt, zur Förderung und Pflege des Wohles von Menschen bei seinen allfälligen Beeinträchtigungen ergeben.

Die *Sozialwirtschaftslehre* behandelt die Ökonomie der sozialen Versorgung, wie sie institutionell vorgesehen, vorhanden und organisiert ist und wie sie in der Praxis funktioniert.

In das Versorgungsgeschehen eingeschlossen sind das sorgende Handeln von Menschen für einander und für sich selber und diesem Sorgen gegenüber die sozialen und gesundheitsbezogenen Dienste und Einrichtungen, die auf vielfältige Art und Weise zur Versorgung beitragen.

Abzugrenzen ist die in der Sozialwirtschaft geleistete Versorgung von der in der Infrastruktur eines modernen Gemeinwesens angelegten Versorgung der Bevölkerung mit Energie, Wasser, Transport- und Kommunikationsmöglichkeiten.

Gegenstand der sozialen und gesundheitsbezogenen Versorgung ist die direkte Beförderung individueller und gemeinsamer *Wohlfahrt* von Menschen. Dazu gehört auch die diesem Zweck dienende materielle Versorgung, soweit sie nicht erwerbswirtschaftlich gesichert ist.

Das soziale Versorgungsgeschehen erfolgt mit dem Einsatz von materiellen und immateriellen Mitteln, von Personal und Zeit, und dieser Einsatz knapper Mittel muss bewirtschaftet werden – in ihrer Zuweisung (Allokation) zu einzelnen Zwecken und Aufgaben und ihrer sachlich und personenbezogen angemessenen

© Springer Fachmedien Wiesbaden 2016
W. R. Wendt, *Sozialwirtschaft kompakt,* essentials,
DOI 10.1007/978-3-658-11884-6_1

Verteilung (Distribution). Die Bewirtschaftung bezieht alle Akteure ein, die einen Beitrag zur Versorgung leisten: es wird sozial gewirtschaftet.

Nun ist in Sozialer Arbeit und in Diensten am Menschen das doppelte Vorurteil verbreitet: Das Soziale ist nicht ökonomisch – und Ökonomie kann nicht sozial sein. Wie andere Vorurteile ist auch dieses tief verwurzelt, erfahrungsgesättigt, und wer es hat, lässt es sich gerne bestätigen. Dabei lehrt die ökonomische Wissenschaft, dass mit Wirtschaften die Bedürfnisse von Menschen befriedigt werden, und die Wissenschaft der Sozialen Arbeit rückt ebenfalls Bedürfnisse in den Mittelpunkt. Es sind nur nicht die gleichen von kaufkräftigen und von notleidenden Menschen. Sozial wie ökonomisch wird zum Lebensunterhalt beigetragen, ihn genügend weit verstanden als materielles und immaterielles Auskommen.

Definitionen

Die Sozialwirtschaft, wie sie in organisierter Form vorhanden ist, widmet sich wohlfahrtsdienlich der Versorgung (care) in materiellen, sozialen, gesundheitlichen und pflegerischen Belangen. Dass diese insgesamt erfolgt, wird durch ein Handeln auf mehreren Ebenen bewirkt:

Auf der *Makroebene* prägt und gewährleistet der Staat per Gesetzgebung und Vorkehrungen zur Daseinsvorsorge das Sozialleistungssystem. Vom Staat, von den Gebietskörperschaften und beauftragten öffentlich-rechtlichen Leistungsträgern werden die Mittel bereitgestellt, die zur Leistungserbringung erforderlich sind.

Auf der betrieblichen *Mesoebene* der Sozialwirtschaft sind die Einrichtungen, Dienste, Programme und Maßnahmen vorhanden, die zur sozialen und gesundheitsbezogenen Versorgung der Bevölkerung gebraucht werden.

Auf der personalen *Mikroebene* setzen sich Menschen beruflich und informell füreinander und miteinander für ein gutes Ergehen ein. Sie wirtschaften zu diesem Zweck mit ihren Kräften, mit ihrer Zeit, mit finanziellen Mittel und mit einer ihnen verfügbaren materiellen Ausstattung.

In einer horizontalen Anordnung treten im sozialwirtschaftlichen Geschehen als Beiträger zur (personenbezogenen) *Wohlfahrtsproduktion* die Akteursgruppen der öffentlichen Hand, der freien Wohlfahrtspflege und der Zivilgesellschaft, privatgewerblicher Unternehmen und nicht zuletzt die Personenhaushalte auf, die nicht nur Nutzer von Leistungen sind, sondern diese mit eigenen Mitteln auch selber erbringen. Alle Akteure wirken mit an einer *mixed economy of welfare*. (Powell 2007)

Der *Begriff Sozialwirtschaft*, und was unter ihn gehört, ist mit diesen Einteilungen und Zuordnungen aber noch nicht geklärt. Verschiedene Auffassungen von

Sozialwirtschaft (franz. économie sociale, engl. social economy) können herangezogen werden. Sie bezeichnet

(1.) zunächst Formen kooperativen, gemeinschaftlichen Wirtschaftens, zu denen sich Menschen zur Deckung eigenen Bedarfs zusammenschließen.

In einer anderen Perspektive erscheinen

(2.) die Betriebe von Wohlfahrtsorganisationen als Unternehmen: sie müssen ihre Dienste und Einrichtungen „wirtschaftlich" führen und dabei in ihrer sozialen Mission auf die vorhandenen und erreichbaren monetären Mitteln sehen.

(3.) Die wohlfahrtsdienlichen Organisationen, Einrichtungen und Dienste funktionieren in der Sozialwirtschaft als einem vielgestaltigen Prozess, in dem nach sozialpolitischen und sozialrechtlichen Vorgaben die soziale und gesundheitsbezogene Versorgung bewerkstelligt wird.

(4.) Zum Gebrauch des Begriffes Sozialwirtschaft kommt die wirtschaftspolitische Draufsicht hinzu, in der sich die kooperativen Assoziationen zusammen mit den Diensten „in allgemeinem sozialen Interesse" in einem Insgesamt sozialer Unternehmen erfassen lassen. Sie bilden einen großen Beschäftigungsbereich und tragen zum Gedeihen einer Wirtschaftsgemeinschaft wesentlich bei.

Die Mehrdeutigkeit des Begriffs der Sozialwirtschaft ist ihrer historischen Evolution geschuldet (vgl. Wendt 2014). Anfangs umfasste sie Genossenschaften, Gegenseitigkeitsgesellschaften und andere Organisationen zur Versorgung und Absicherung ihrer Mitglieder (*member-serving organisatiòns*). Eine Verbindung dieser Assoziationen zu Wohlfahrtsorganisationen stellte sich erst ein über beider Einbeziehung in den Nonprofit-Sektor der Wirtschaft und ihre Neufirmierung als „Sozialunternehmen" in den letzten Jahrzehnten.

Eine Begründung der Eigentümlichkeit von Sozialwirtschaft liefert die Empirie der diversen sozialen Unternehmen mit einer Spannweite von großen Firmen in der Rechtsform einer Genossenschaft bis hin zu kleinen Selbsthilfeinitiativen ohne formelle Organisation nicht. Kein Wunder, dass man sich international und im wissenschaftlichen Diskurs über das Verständnis von Sozialwirtschaft bis heute uneinig ist (vgl. CIRIEC 2009; Razavi und Staab 2012; Mook et al. 2012). In der Entwicklungspolitik wird ihr Aktionsrahmen mit einer Solidarökonomie gleichgesetzt (Utting 2015), im zivilgesellschaftlichen Horizont als Alternative zur Herrschaft des Warenmarktes diskutiert (Draperi 2011; Hiez und Lavillunière 2013). Somit divergieren das Interesse an Sozialwirtschaft und die Erwartungen an sie. Der Beitrag von Sozialunternehmen zum Bruttoinlandsprodukt und ihre betriebswirtschaftlichen Kennziffern weisen die Dynamik sozialer Wertschöpfung in diesem Handlungsbereich und das Erfordernis des Einsatzes von Mitteln und Kräften in ihm nicht aus. Die Beweggründe der Sozialwirtschaft liegen jenseits der Vielfalt ihr zugerechneter Unternehmen.

Für das Konstrukt Sozialwirtschaft kann ein theoretisches Fundament

- im sozialen Auskommen per Wohlfahrtsproduktion
- im bedarfsorientierten Handeln in Organisationen, die ihre Mitglieder oder Andere bedienen
- im Paradigma des Haushaltens
- in der Verbindung von Sorgen und Versorgung

gelegt werden. Darin ankern die folgenden Ausführungen. In ihnen wird die Positionierung der Sozialwirtschaft bloß als eine Branche neben anderen Wirtschaftszweigen und als Sammelbegriff für Sozialunternehmen zurückgewiesen.

Im Sinn von Wirtschaften allgemein und von Sozialwirtschaft im besonderen ist zu bedenken: Wir leben ökonomisch in einem kommerziellen Universum. Aber wir leben nicht nur in ihm. Ihren Lebensunterhalt bestreiten die meisten Menschen mit einem Erwerbseinkommen, das sie in Mitarbeit an der Produktion von marktfähigen Gütern erzielen. Diese werden dann nach den Präferenzen des Einzelnen in Personenhaushalten konsumiert. – Genauer besehen sind an der Erwerbsarbeit Kinder und Jugendliche in Schule und Ausbildung, Studierende, alte Menschen, Hausfrauen, Kranke oder anderweitig erwerbsunfähige Personen nicht beteiligt. Sie können zwar mittelbar am Erwerbseinkommen partizipieren und unter Umständen Lohnersatzleistungen beanspruchen, aber in vielen Lebenslagen sind Menschen angewiesen auf Dienste, Einrichtungen und gemeinschaftliche Infrastrukturen, um sozial und gesundheitlich zurechtzukommen, mit Belastungen fertig zu werden und Beeinträchtigungen zu kompensieren. Sie begeben sich dazu in den sozialwirtschaftlichen Handlungsbereich, in dem eine nötige Unterstützung und Versorgung vorgehalten und betrieben wird.

Zum Erwerb findet Wirtschaften in einem *Markt* statt. Der Markt bezieht das Angebot an Gütern und die Nachfrage nach ihnen aufeinander und bestimmt mit dem Preismechanismus das Verhalten der Marktteilnehmer. – Sozial gewirtschaftet wird demgegenüber in *Haushalten*. In ihnen ist ein Bedarf vorhanden, der für Angehörige oder Mitglieder zu decken ist. Ihr gemeinsames und individuelles Wohlergehen ist der Zweck eines Haushalts. Die Gegenüberstellung von Markt und Haushalt kann Ausgangspunkt einer Verständigung über den Gegenstand der Sozialwirtschaftslehre sein.

Herkömmlich wird in der ökonomischen Wissenschaft zwischen *Volkswirtschaftslehre* – mit Makroökonomie und Mikroökonomie – einerseits und *Betriebswirtschaftslehre* andererseits unterschieden. In den volkswirtschaftlichen Kontext lassen sich Organisationen der Sozialwirtschaft mit ihren Leistungen als ein Wirt-

© Springer Fachmedien Wiesbaden 2016
W. R. Wendt, *Sozialwirtschaft kompakt,* essentials,
DOI 10.1007/978-3-658-11884-6_2

schaftszweig unter anderen einordnen. Die Betriebswirtschaftslehre wird in diesem Bereich handlungsrelevant, soweit es sich bei Sozialunternehmen eben um Unternehmen handelt, die knappe Güter umsetzen. Betriebswirtschaftlich wird auf die Geschäftstätigkeit dieser Wirtschaftseinheiten im Sozial- und Gesundheitswesen unter Anerkennung von einigen Besonderheiten gesehen. Die Sozialwirtschaftslehre weiß um die gesamtwirtschaftliche Bedeutung ihres Gegenstandsbereichs und schätzt sie noch höher ein, als die Volkswirtschaftslehre ihm zugestehen mag. Auch wird die betriebswirtschaftliche Führung von Einrichtungen und Diensten in der Wohlfahrtspflege von der Sozialwirtschaftslehre nicht ignoriert. Indes ordnet sie dieses Aktivitäts- und Entscheidungsspektrum in den Dispositionsrahmen von Haushalten ein.

Haushalte stellen für die traditionelle Ökonomik Konsumeinheiten dar. Sie sind am Markt Abnehmer von Gütern und spielen als Verbraucher weiter keine produktive Rolle. Das soziale Thema ist dagegen, wie Menschen in Haushalten leben und mit verfügbaren Kräften und Mitteln ihr Auskommen finden. Sie schaffen das entweder allein oder nehmen subsidiär die Mittel und Kräfte einer größeren Gemeinschaft in Anspruch, die in ihrem Haushalt zu entscheiden hat, in welchem Maße und in welcher Weise sie diese Mittel und Kräfte zweckgebunden bereitstellt – und von sozialen Diensten und Einrichtungen verwenden lässt. Der Sozialstaat ist unter demokratischer Kontrolle der übergeordnete Verwalter der Mittel, die er per Steuern und Abgaben aus dem Erwerbsleben zieht, um sie nach Maßgaben seines Wohlfahrtsregimes der sozialen Sicherung und Versorgung zuzuführen.

Unverbindlich im Dritten Sektor 3

Es ist vierzig Jahre her, dass der Terminus „Dritter Sektor" in die Welt gesetzt wurde. Neben Markt und Staat nimmt dieser Sektor in ziviler Selbstorganisation und „not for profit" soziale und wirtschaftliche Belange der Bürger wahr. In die Debatte zum Nonprofit-Bereich ist wenig später das frankophone Assoziations- und Genossenschafts-Verständnis untergemischt und unter dem Titel der Sozialwirtschaft in Europa verallgemeinert worden. Bis hierhin (bis etwa 1990) ließ sich über zivile Organisationen und kooperative Unternehmen bereichsspezifisch reden, ohne die gleichzeitig aufkommenden Management-Anforderungen an Sozial- und Gesundheitsdienste zu berühren und ohne dass ein Anlass für Klagen über die „Ökonomisierung" in der Sozialen Arbeit gegeben war. Die Diskurse zum Sozialmanagement unter Sozialprofessionellen einerseits und zu den Kooperativen in der Wirtschafts- und Beschäftigungspolitik andererseits bewegten sich in getrennten Feldern und zogen unterschiedliche Bahnen.

Übertragen ließ sich der Begriff Sozialwirtschaft aus dem einen Bereich in den anderen Bereich im betriebswirtschaftlichen Sinne: Im Management der Leistungserstellung und Leistungsverwertung wird aus der sozialen Einrichtung eine Wirtschaftseinheit, die nach außen als solche firmiert und als Unternehmen auftreten kann. In der Praxis etablierte sich die Sozialwirtschaft als eine Branche, der sich nun im Wohlfahrtswesen eine Menge Organisationen und Dienstleister als Unternehmen zurechnen. In einer engeren Definitionen sind nur diejenigen gemeint, die not-for-profit agieren, im wesentlichen die frei-gemeinnützigen Organisationen mit ihren Einrichtungen und Diensten. In einer weiter gefassten Definition zählen auch privat-gewerbliche Dienstleister mit gleicher Aufgabenstellung dazu.

Im Binnenmarkt-Verständnis der EU erscheint „soziales Unternehmen" als Oberbegriff. Genossenschaften, Gegenseitigkeitsgesellschaften, Kooperative und Stiftungen im Sinne der französischen *économie sociale* fallen mit ihrem Marktauftritt unter den Begriff der *social enterprises.* „Unternehmen" sind nach der

© Springer Fachmedien Wiesbaden 2016
W. R. Wendt, *Sozialwirtschaft kompakt,* essentials,
DOI 10.1007/978-3-658-11884-6_3

Rechtssprechung des Europäischen Gerichtshofs durch ihre Marktpräsenz gekennzeichnet. Im Herbst 2011 hat die Europäische Kommission in ihrer Mitteilung zur „Initiative für soziales Unternehmertum. Schaffung eines ‚Ökosystems' zur Förderung der Sozialunternehmen als Schlüsselakteure der Sozialwirtschaft und der sozialen Innovation" (KOM (2011) 682 endg.) befunden, für Sozialunternehmen sei das „soziale oder gesellschaftliche gemeinnützige Ziel Sinn und Zweck ihrer Geschäftstätigkeit". Zugerechnet werden diesen Unternehmen die folgenden beiden „types of business":

- Unternehmen, die Sozialdienstleistungen erbringen und/oder Güter und Dienstleistungen für besonders schutzbedürftige Bevölkerungsgruppen anbieten (Vermittlung von Wohnraum, Zugang zu Gesundheitsdienstleistungen, Betreuung von älteren und behinderten Personen, Integration sozial schwacher Bevölkerungsgruppen, Kinderbetreuung, Zugang zu Beschäftigung und lebenslangem Lernen, Pflegemanagement usw.) und/oder
- Unternehmen, die bei der Produktion von Waren bzw. der Erbringung von Dienstleistungen ein soziales Ziel anstreben (soziale und berufliche Eingliederung durch den Zugang zur Beschäftigung für Personen, die insbesondere aufgrund ihrer geringen Qualifikation oder aufgrund von sozialen oder beruflichen Problemen, die zu Ausgrenzung und Marginalisierung führen, benachteiligt sind), deren Tätigkeit jedoch auch nicht sozial ausgerichtete Güter und Dienstleistungen umfassen kann.

(KOM (2011) 682 endg., S. 3). Es sind Dienstleister mit unterschiedlichem rechtlichen Status, wobei die Unterscheidung in solche Betriebe bemerkenswert ist, welche vorwiegend immaterielle personenbezogene Leistungen erbringen, und solche, die zur ihrer Zweckerfüllung auch eine Warenproduktion zum Gegenstand haben.

Die Einteilung wiederholt die ursprüngliche Trennung der Kooperativen, die für ihre Mitglieder im eigenen Auftrag Güter produzieren (*member-serving organisations*), von Dienstleistern, die im öffentlichen Auftrag oder nach selbstgewählter Bestimmung für andere Menschen da sind (*public-serving organisations*). Genossenschaftliche Organisationen treten (auch) erwerbswirtschaftlich auf, um ihrem sozialen Zweck nachzukommen. Bei Sozialdienstleistern wird kontrovers diskutiert und bleibt unentschieden, inwieweit sie „marktlich" wirtschaften können und so auch den Wettbewerbs- und Beihilfevorschriften der EU unterliegen.

Eine Definition von Sozialwirtschaft maßen sich die europäischen Gremien nicht an. Die EU konzentriert ihre Förderung auf die Unternehmen, die sich in diesem Handlungsfeld betätigen und mit ihrem *social business* zum gesamtwirtschaftlichen Wachstum beitragen. Deren Geschäftsführung bedient sich des Inventars der Betriebswirtschaftslehre und kommt damit gut aus. Die Gestaltung von

Diensten am Menschen oder von Kooperation im sozialen Miteinander, die Arbeit daran und der Einsatz dafür innerhalb und außerhalb der Kreise von Sozialunternehmen, ist die Sache der Betriebswirtschaftslehre nicht. Damit aber befasst sich nun, weit hinausreichend über den Auftritt einzelner Unternehmen, die Sozialwirtschaftslehre.

Eine Reihe von Grundannahmen 4

Mit dem Terminus Sozialwirtschaft wird ein institutioneller Handlungsrahmen belegt, der die Prozesse und Strukturen umfasst, in denen für das Wohlergehen einzelner Menschen und Personengruppen formell und informell gearbeitet wird und die für die Aufgabenerfüllung und Problembewältigung nötigen Vorkehrungen getroffen sind. Sozialwirtschaft benennt in diesem Rahmen auch die Art und Weise, in der wohlfahrtsdienlich gehandelt wird, wie also Versorgungssysteme funktionieren, wie institutionelle Routinen beschaffen sind und die Akteure ihren Aufgaben im sozialen Unterhalt von Wohlfahrt (vgl. Wendt 2011) nachkommen.

Die Sozialwirtschaftslehre hat den Gestaltungsraum der Akteure, die zweckmäßigen Dispositionen und die Problembearbeitungsprozesse in ihm zum Gegenstand. Aussagen zu ihm sind, soweit sie sich auf das sozialwirtschaftliche Sachziel beziehen, normativer Natur, und es sind empirische Feststellungen, soweit sie die Fakten des Sozial- und Gesundheitswesens betreffen. Sie können schließlich kritischer Natur sein in Anbetracht der Differenz von Fakten und Vorhaben. Zur Verständigung in der Theorie der Sozialwirtschaft habe ich vor Jahren eine Reihe von Grundannahmen formuliert, die nachfolgend näher erläutert werden.

1. *Die Sozialwirtschaftslehre ist eine Lehre vom Wirtschaften mit dem unmittelbaren Sachziel in der Wohlfahrt von Menschen.*

Die Erwerbswirtschaft wird in der Aussicht auf Gewinn betrieben. Profit ist das Formalziel von Unternehmen im Markt. Mittelbar ergibt sich ökonomische Wohlfahrt, d. i. Wohlstand im abstrakten Sinne einer Aggregation von Nutzen. Akteure in der Sozialwirtschaft dagegen kümmern sich um das Ergehen von Menschen direkt und treten mit dem Auftrag bzw. der Aufgabe an, zum individuellen und gemeinschaftlichen Wohl konkret und unmittelbar beizutragen. Das Sachziel Wohlfahrt kann einen materiellen Ertrag einschließen, insbesondere wenn er gebraucht wird,

© Springer Fachmedien Wiesbaden 2016

W. R. Wendt, *Sozialwirtschaft kompakt,* essentials,

DOI 10.1007/978-3-658-11884-6_4

um menschliches Wohlergehen zu sichern oder zu erreichen. Im übrigen müssen die Akteure genügend für sich gewinnen, um andauernd ihre Aufgabe wahrnehmen und ihren Auftrag erfüllen zu können.

2. *Im Gemeinwesen ist das System der sozialen Sicherung und Versorgung im Einsatz seiner Mittel und Möglichkeiten für die Wohlfahrt von Menschen zu bewirtschaften.*

Die soziale Funktion ist eine gemeinsame. Während im klassischen Modell der Ökonomik individuelle Nutzenmaximierer die Hauptrolle spielen, sind es in der Sozialwirtschaft Beziehungen des Miteinanders und des Füreinanders. Menschen gehören einer engeren Gemeinschaft und einem größeren Gemeinwesen an, worin sie sich entfalten können, Unterstützung finden und gegen Risiken abgesichert werden. Dies ist mehr oder weniger Fall. Eine gegebene und zu ändernde Verteilung von Chancen sowie die Bereitstellung und der Einsatz von Mitteln für das individuelle und gemeinsame Wohlergehen beschäftigen das sozialwirtschaftliche Handeln – direkt bei Hilfe im Einzelfall, intermediär im laufenden Betrieb organisierter Aufgabenerledigung und auf der Makroebene sozial- und gesundheitspolitischer Programme und (Haushalts-)Entscheidungen.

3. *Institutionell umfasst die Sozialwirtschaft die Organisationen, Dienste und Einrichtungen, Programme und Projekte und anderen Unternehmungen, die zu sozialen Zwecken betrieben werden und das Ziel haben, individuelles und gemeinsames Wohlergehen zu fördern oder zu ermöglichen.*

Im Gemeinwesen (im staatlichen, kommunalen und zivilen Raum) finden wir eine Menge Organisationen vor, in denen und von denen soziale Aufgaben erfüllt werden. Das Spektrum der Institutionen reicht von Selbsthilfegemeinschaften und Genossenschaften über gemeinnützige Wohlfahrtsvereinigungen, gewerbliche Dienstleister und Veranstalter bis zu öffentlich-rechtlichen Leistungsträgern, die ihre Aufgaben kraft Gesetz wahrnehmen. Als Institutionen sind die sozialwirtschaftlichen Akteure fest eingerichtet und in ihrer Rolle im staatlich organisierten Gemeinwesen anerkannt. Dessen ungeachtet kann jedes einzelne Unternehmen oder Projekt geprüft werden, ob es und inwieweit es dem Sachziel in der Deckung eines Bedarfs entspricht. Viele Organisationen sind auf Dauer etabliert, mit ihren Dienstleistungen breit aufgestellt und erfüllen flächendeckend für die Bevölkerung einen ihnen übertragenen Auftrag, andere vertreten ein spezielles Interesse oder sind für einzelne Vorhaben auf den Plan getreten, örtlich begrenzt und nur vorübergehend tätig.

4. Funktional bezeichnet Sozialwirtschaft die Art und Weise der ökonomisch gestalteten Betätigung zur sozialen Problembewältigung und in der politisch gewollten sozialen Versorgung.

Wer immer formell soziale Aufgaben wahrnimmt oder sie nach eigener Bestimmung übernimmt, nimmt teil an einer öffentlich vertretenen und weitgehend auch geregelten Art und Weise, wie in Wohlfahrtsbelangen einem Bedarf abgeholfen werden soll. Organisationen, Dienste und Einrichtungen und das in ihnen tätige Personal funktionieren in dieser Beziehung. Sie gehören zu dem Prozess der Sozialwirtschaft, in dem insgesamt das Sachziel wohlfahrtsdienlich verfolgt wird. Ob und inwieweit jeweils funktional vorgegangen und Bedarfsgerechtigkeit erreicht wird, obliegt kritischer Beurteilung. Es gibt in nicht wenigen Bereichen des Gesundheits- und des Sozialwesens, wie Fachgutachten zeigen, Unterversorgung, Überversorgung und Fehlversorgung (vgl. Sachverständigenrat 2001).

5. Die Sozialwirtschaftslehre befasst sich mit der Allokation von Ressourcen für das Sozialleistungssystem und mit den Dispositionen, die in ihm und in Verbindung damit von den Menschen selber zum Erreichen individueller und gemeinschaftlicher Wohlfahrt getroffen werden.

Damit die Organisationen, Unternehmen und Personen ihre Funktion erfüllen können, brauchen sie eine hinreichende Ausstattung mit Mitteln. Gelegentliche Zuwendungen, Spenden und Eigenmittel reichen für ein dauerhaft seinen Aufgaben gewachsenes Versorgungssystem nicht aus. Wie es an seine Ressourcen kommt und wie es sie zu welchen Einzelzwecken einsetzt, wird in der Sozialwirtschaftslehre dargelegt. Sie erörtert die Mittelzuweisung im sozialen Rechtsstaat und die Verwendungsentscheidungen in der sozialen Daseinsvorsorge und in den verschiedenen Bereichen des Sozial- und Gesundheitswesens. Allokation (Zuweisung) und Distribution (Verteilung) erfolgen nicht unabhängig vom Verhalten der Personengruppen, denen sie zugute kommen sollen. Sie sorgen selber für ihr Wohl und sind dazu in unterschiedlichem Maße in der Lage. Die Mittelzuweisung stellt eine differenziert vorzunehmende Steuerungsaufgabe dar, die partizipativ wahrzunehmen und mehrseitig rechenschaftspflichtig ist.

6. Die individuelle Wohlfahrt wird als ein Produkt begriffen, das auf der Makroebene des sozialstaatlichen Wohlfahrtsregimes fundiert und dargebracht, auf der Mesoebene durch Organisationen und Unternehmen im Betrieb der Versorgung erstellt und auf der Mikroebene von ihnen in Kooperation mit einer Klientel sowie in Personenhaushalten erzeugt und unterhalten wird.

Die Herstellung und der Unterhalt von Wohlergehen (Wohlfahrtsproduktion) stellt im Gemeinwesen einen komplexen Prozess auf mehreren Ebenen dar: Sozialstaatlich wird ein Netz der sozialen Sicherung unterhalten. Es enthält die Strukturen, in denen die Leistungen in den verschiedenen Bereichen des Sozial- und Gesundheitswesens zustande kommen. Dabei ist zwischen der Gewährung und Erbringung von Leistungen zu unterscheiden. Von sozialen Unternehmen wird eine Faktorkombination vorgenommen, um auftragsgemäß einen Erfolg im Ergehen von Menschen (ihren Erziehungs- oder Behandlungserfolg, ihre Integration, Krisen-, Konflikt-, Krankheitsbewältigung, Rehabilitation, Bildung usw.) zu erreichen. Ohne Mitwirkung der Adressaten tritt der Erfolg in der Regel nicht ein. Der Faktoreinsatz der Nutzer kann den ihrer Helfer weit übersteigen. In der individuellen Wohlfahrtsproduktion variiert der Anteil erheblich, den die Beteiligten mit ihrem Faktoreinsatz an ihr haben.

7. Sozialwirtschaftliche Akteure sind die öffentlich-rechtlichen Sozialleistungsträger, gemeinnützige Wohlfahrtsorganisationen, privat-gewerbliche Anbieter von Sozialdienstleistungen, Vereinigungen von Menschen zu gemeinschaftlicher Selbsthilfe, freiwillig und in bürgerschaftlichem Engagement Mitwirkende und im Zusammenhang einer Versorgung unmittelbar Betroffene, die in eigener und gegenseitiger Sorge mitwirken.

Der Begriff Sozialwirtschaft wird in seinem Bedeutungsumfang oft mit den selbständigen Sozialunternehmen gleichgesetzt, die als Anbieter von Diensten und Einrichtungen im Sozial- und Gesundheitswesen auftreten. Diese Identifizierung erfolgt aus dem marktwirtschaftlichen Blickwinkel, wonach alle Wirtschaftseinheiten, die im Markt etwas zu bieten haben, als Unternehmen gelten. Im Umkehrschluss könnten nur Unternehmen zu dem Wirtschaftsbereich im sozialen Aufgabenfeld rechnen. Besehen wir aber die tatsächliche Aufgabenerfüllung in diesem Feld in der Verteilung der Akteure in ihm, ergibt sich ein Bild, in dem Unternehmen (unabhängig von ihrer Rechtsform) nicht die Hauptrolle spielen. Die Kommunen und weitere „Anstalten des öffentlichen Rechts" tragen mit ihren Sozialleistungen den größten Aufwand und sind auch zuständig dafür, dass die soziale Daseinsvorsorge funktioniert.

Im Diskurs zum Dritten Sektor sind die Sozialleistungsträger nicht der Branche der Sozialwirtschaft zugerechnet worden. Danach bestünde sie nur aus den die Leistungen erbringenden Diensten und Einrichtungen und wäre nicht in seinen prozessualen Zusammenhängen als Sozialleistungssektor zu begreifen. Die entscheidenden Akteure blieben beim Blick auf das sozialwirtschaftliche Geschehen im Verborgenen. In den Studiengängen zur Sozialwirtschaft und zum

Sozialmanagement wird gewöhnlich vom betriebswirtschaftlichen Handlungsrahmen ausgegangen; „gemanagt" wird danach das Soziale in Organisationen und Unternehmen, während der Bezugsrahmen, in dem sie ihren Auftrag erhalten und ihre Aufgaben erfüllen, außen vor bleibt.

Wie die Leistungsträger werden in herkömmlicher ökonomischer Betrachtung auch die Leistungsnehmer nicht in den betrieblichen Erstellungsprozess einbezogen und rechnen zur Sozialwirtschaft nur, insoweit sie als Konsumenten die Abnehmer der Dienstleistungsangebote sind. Endnutzer wie Kostenträger erscheinen *als Kunden*. Die Träger bleiben unternehmerisch unbeachtlich, weil sie nicht als Anbieter auftreten, sondern nur Mittel bereitstellen, mit denen Sozialunternehmen wirtschaften. Kaufen die Träger für ihre Klientel Leistungen ein, ändert das die Sachlage nicht: auf dem Sozialmarkt steht dem Angebot eine Nachfrage gegenüber. Aber die *waren*wirtschaftliche Einordnung der sozialunternehmerischen Dienstleistungsbranche wird der *bedarfs*wirtschaftlich gestalteten Wohlfahrtspflege nach ihrem Charakter, Ziel und Zweck nicht gerecht.

8. *Gegenstand der Theorie sind Leistungsbeziehungen zwischen allen an einer Wohlfahrtsproduktion Beteiligten, insbesondere zwischen Leistungsträgern, Dienstleistern und Leistungsnehmern.*

In der Theorie des ganzen sozialwirtschaftlichen Geschehens konstituiert das Angebot des einen oder anderen Sozialunternehmers allein für sich keinen sozialwirtschaftlichen Tatbestand. Es ist der Bedarf auf der Abnehmerseite, auf den bezogen sich ein Leistungsangebot als sozialwirtschaftliches ausweisen kann. Die Abnahme fällt in der Regel in die Zuständigkeit eines Sozialleistungsträgers, der Leistungen nach rechtlichem Anspruch gewährt, und sie erfolgt in diesem Rahmen nach Wunsch und Willen von berechtigten Nutzern. Auch wenn sie soziale und gesundheitsbezogene Dienste selber bezahlen, obliegt Sozialleistungsträgern die Gewährleistung, dass die Berechtigten die ihnen zustehenden Sozialleistungen in zeitgemäßer Weise, umfassend und zügig erhalten und dass die dazu erforderlichen Dienste und Einrichtungen rechtzeitig und ausreichend zur Verfügung stehen (§ 17 Abs. 1 SGB I). Diese sozialwirtschaftliche Verpflichtung kann nicht von einzelnen ausführenden Unternehmen getragen werden.

9. *Sozialwirtschaftlich wird im System der sozialen Sicherung und Versorgung bedarfsorientiert gehandelt, wobei der Bedarf sozialrechtlich bestimmt ist oder sozial auszuhandeln ist. Außerhalb dieses Systems lässt sich der Bedarf gemeinschaftlich bestimmen und gemeinschaftlich decken.*

Sozialwirtschaft ist Bedarfswirtschaft. Ein Bedarf wird nicht durch ein individuell empfundenes, im Gefühl eines Mangels und im Verlangen, ihn zu beheben, angemeldetes Bedürfnis definiert, sondern bedeutet ein Erfordernis, das sozial anerkannt wird bzw. in einer Gemeinschaft nach festgelegten Kriterien anzuerkennen ist. *Bedarf* hat die doppelte Bedeutung einerseits des Grundes, aus dem etwas getan werden muss, und andererseits des Zieles, d. h. zu welchem Ende dem Bedarf nachgekommen wird: nämlich zum individuellen und gemeinschaftlichen Wohlergehen.

Im Gegensatz zur Erwerbswirtschaft, in der am Markt ein Bedürfnis, wenn es mit Kaufkraft ausgestattet ist, als Bedarf gleich Nachfrage auftritt, bleibt ein sozialer Bedarf unabhängig davon bestehen, ob eine Person danach verlangt und zahlungsfähig ist. Ein kranker Mensch hat einen medizinischen Behandlungsbedarf, auch wenn er ihn gerade nicht einsieht. Die Bedarfsstufen bei Pflegebedürftigkeit werden überindividuell festgelegt; der tatsächliche Bedarf ergibt sich in der konkreten Lage eines Menschen. In Selbsthilfe können sich Personen genossenschaftlich organisieren oder in einer ähnlichen Form von Gemeinschaft verbinden, um ihren kollektiv erkannten Bedarf zu decken – auch unabhängig vom Versorgungssystem und seinen Bedingungen.

10. *In der öffentlichen Daseinsvorsorge wird darauf gebaut, dass die meisten Menschen in ihrem eigenen Haushalt für sich alleine, familiär oder in anderer lebensgemeinschaftlicher Form für sich sorgen, die Mittel für ihren Unterhalt erwerben können und in Erziehung, Qualifizierung, Betreuung, Gesunderhaltung, Pflege und in sozialen Beziehungen das leisten, was bei Ausfall dieser Eigensorge und des Unterhalts eine anderweitige Versorgung nötig macht.*

In der Daseinsvorsorge, die im öffentlichen Interesse geleistet wird, finden wir eine Infrastruktur bereitgestellt, die dem modernen Menschen das Leben erleichtert und mit der im sozialen Bereich mit komplementären und kompensatorischen Diensten den Beschränkungen der individuellen Selbstversorgung unter heutigen Lebensverhältnissen begegnet wird. Der Service, der über direkte Zahlungen (bei Versicherungsleistungen oder im Familienlastenausgleich) hinaus in einer Vielfalt von Einrichtungen und Dienststellen gestaltet ist, funktioniert in ökonomischer Wechselbeziehung zu seinen Nutzern. Die Theorie der Sozialwirtschaft hat in Hinblick auf die Zweckerfüllung, die Produktivität, den Mittelaufwand und die Mittelverwendung in ihrem Gegenstandsbereich den Faktoreinsatz auf der Nutzerseite in seinem ganzen Gewicht zu berücksichtigen. Es übersteigt mit häuslichen Erziehungs-, Betreuungs- und anderen Versorgungsleistungen den entsprechenden öffentlichen Einsatz bei weitem.

Die Dynamik der Wechselbeziehungen zwischen dem Verhalten der Menschen in ihrer eigenen Lebensführung einerseits und lebensgemeinschaftlicher Sorge bzw. formalisierter Versorgung andererseits stellt ein hauptsächliches Untersuchungsgebiet der Sozialwirtschaftslehre dar. Die Beanspruchung von Ressourcen auf beiden Seiten unterliegt dieser Dynamik.

11. *Die Förderung und Unterstützung einer selbständigen Lebensbewältigung und selbstbestimmten Lebensführung hat in der Sozialwirtschaft Priorität.*

Der Fokus der Sozialwirtschaftslehre verschiebt sich mit der Wahrnehmung der Eigenleistungen von Menschen in Wohlfahrtsbelangen von der Seite des Systems der Versorgung auf die Seite der Selbstsorge mit ihren Arrangements, in denen Menschen mit oder ohne weitere Unterstützung zurechtkommen. Vom individuellen und gemeinschaftlichen Ergehen her ergibt sich der sozialwirtschaftliche Handlungsbedarf. Ein gelingendes wohlfahrtsgerichtetes Handeln von Menschen erübrigt einen komplementären und kompensatorischen Ressourceneinsatz. Die Stärkung eigenen Vermögens der Menschen und ein Mehr an Verwirklichungschancen für sie trägt zu jenem Erfolg bei. Individuelle Wohlfahrtsproduktion rückt in das Zentrum der Betrachtung. Ihre ökonomische Logik ist aber nicht identisch mit der Art und Weise, wie Menschen ihr Leben persönlich gestalten. Erst unter Gesichtspunkten der Ressourcenerschließung und Mittelverwendung und in Beziehung auf gesellschaftliche Dispositionen der Versorgung erweist sich die individuelle Lebensführung als ökonomisch relevant und rational beurteilbar.

12. *Die Unterstützung, Absicherung und Förderung persönlichen und lebensgemeinschaftlichen Sorgens (care) stellt eine Hauptaufgabe sozialdienstlicher Versorgung (social care) dar.*

Der Mensch disponiert ökonomisch in Sorge um sich und um ihm nahestehende Andere. Ein sorgendes Handeln in Gemeinschaft erfordert eine Abstimmung unter den Beteiligten darüber, welcher Bedarf bedient werden soll. In einem Familienrat in Konsultation vielleicht über den Bedarf an Kinderbetreuung. In einer Nachbarschaft über gegenseitige Hilfen im Alter oder für Menschen mit einer Behinderung. Die Erkenntnis, in welchem Ausmaß ein solcher Bedarf besteht, mag auf kommunaler Ebene zur Sozialplanung und Infrastrukturentwicklung anhalten. Auf staatlicher Ebene erfolgen Dispositionen aktuell etwa in der Frühförderung von Kindern. Oder zur Eindämmung von Jugendkriminalität. Im größeren Gemeinwesen hält ein ausdifferenziertes Versorgungssystem Kompetenzen für die Einschätzung sozialen und gesundheitlichen Bedarfs und Fachstellen vor, die diesem Bedarf behandelnd, unterstützend, betreuend und auf verschiedene Art und Weise fördernd nachkommen können. Community Care beansprucht als gemeindenahe Versorgung dazu die Mitwirkung und das freie Engagement von Bürgern. Im Idealfall bilden sie eine sorgende Gemeinschaft (caring community).

13. *Die sozialwirtschaftliche Leistungserbringung ist in Humandiensten komplementär und kompensatorisch auf die Lösung und Bewältigung von Problemen im Leben, in den Verhältnissen und dem Verhalten von Menschen ausgerichtet.*

Für die Befriedigung beliebiger Bedürfnisse werden mehr als genügend Waren auf dem Markt angeboten. Unabhängig davon, inwieweit sie gerade käuflich erworben werden können, ist der Zuschnitt einzelner lieferbarer Güter und Dienstleistungen nicht darauf eingerichtet, in personalisierter Weise dem Bewältigungsbedarf in konkreter Lebenslage abzuhelfen. So wie Lebensmittel für den häuslichen Verbrauch erst durch eine Transformationsleistung der Zubereitung und des Verzehrs ihren Zweck erfüllen, besteht die sozialwirtschaftliche Produktivität in der Transformation eines dienstlichen Mitteleinsatzes, von professionellen Maßnahmen, Rat und Tat in den Erfahrungszusammenhang eines Menschen und in die Gestaltung seiner Verhältnisse. Häusliche Pflege, eine Erziehung im Heim, die Behandlung von Suchtkranken oder die Eingliederung Behinderter mögen auf der Aggregatebene in der Leistungsbeschreibung eines Unternehmens als abrufbares Angebot erscheinen, warenförmig sind sie in der personenbezogenen Ausführung nicht zu haben. Sie erfolgt eingewoben in den Lebenskontext, in Begegnung, Kommunikation und überhaupt im sozialen Miteinander.

14. *Die bedarfsentsprechende Erbringung von Leistungen kann auch selbstorganisiert durch Einzelne allein und in Verbindung untereinander und genossenschaftlich in Gruppen erfolgen, die diese Leistungen zu ihrem materiellen und immateriellen Unterhalt benötigen.*

Hier sind musterhaft die sozialen Genossenschaften angesprochen, wie sie gesetzlich in Italien institutionalisiert, aber auch in vielen anderen Ländern verbreitet sind. Sie bieten – auch in Form von Assistenzgenossenschaften – ihren Mitgliedern eine Versorgung und ziehen dazu im erforderlichen Umfang Fachkräfte heran. Die bedürftigen Genossen können als deren Arbeitgeber auftreten. *Member-serving organisations* bilden als Kooperativ-Vereinigungen, Gegenseitigkeitsgesellschaften und Assoziationen herkömmlich die Sozialwirtschaft in den romanischen Ländern. Sie ziehen eigene Ressourcen heran, definieren die Produktion, die sie für ihren Unterhalt nötig haben, und gestalten sie in der Ausführung. In ihrem darauf gründenden Selbstverständnis heben sie sich von den Sozialdiensten ab, die für andere Menschen da sind, und als *public-serving organisations* zunächst gar nicht für die Sozialwirtschaft in Betracht kamen. Die ökonomische Relevanz dieser fremdversorgenden Dienste und ihrer Leistungen ist gewissermaßen im Nachhinein bestimmt worden, während der Genossenschaftsbereich von vornherein in seiner wirtschaftlichen Natur verstanden wurde.

15. *Sozialwirtschaft wirkt ökonomischer und sozialer Ausgliederung von Menschen entgegen, indem sie den Prozess ihrer Eingliederung wirtschaftlich gestaltet.*

Die Erwerbswirtschaft bringt mit ihrer Arbeitsteilung und im Wettbewerb die Menschen in unterschiedliche Positionen; es gibt ständig Gewinner und Verlierer, Zurückbleibende, Entlassene und an den Rand Gedrängte. Während solidargemeinschaftliche Organisationen von vornherein alle Mitglieder in Produktionsprozessen gleichstellen, eröffnet in Diensten für Andere die organisierte Sozialwirtschaft Chancen der Teilhabe. Das beginnt in der Kinder- und Jugendhilfe und setzt sich in Ausbildungsmaßnahmen, Eingliederungsunternehmen, Rehabilitationsdiensten, Ambulanter und Häuslicher Pflege und Betreutem Wohnen fort. Jenseits des Hilfesystems verläuft Eingliederung in die Gesellschaft für alle ihre Angehörigen über Erziehung und Bildung. Integration verlangt nur im Grenzfall einen geschützten abgegrenzten Raum und wird in der Regel durch (Wieder-)Befähigung zur Teilhabe am Arbeits- und Gemeinschaftsleben vollzogen.

16. *Die Sozialwirtschaftslehre behandelt im Kontext des Versorgungsgeschehens auch die betriebswirtschaftlichen und managerialen Erfordernisse in Organisationen und von Unternehmen, die Wohlfahrtszwecken dienen.*

Im Sozialwesen waren es Managementaufgaben, die den Akteuren den Zugang zur Sozialwirtschaft erschlossen. In der Praxis stellte sie sich ihnen dar als das Insgesamt der betriebswirtschaftlichen Prozesse in und von sozialen Einrichtungen und Diensten. Sie sollen sich im Sinne „Neuer Steuerung" resp. des „New Public Management" in einem Sozialmarkt bzw. Gesundheitsmarkt behaupten und hinreichend Effektivität und Effizienz an den Tag legen. Insoweit Sozialwirtschaft die vernünftige Nutzung von Ressourcen zur Erreichung ihres Sachziels zum Inhalt hat, lässt die Theorie das Handlungswissen nicht aus, wie das zu machen ist. Wird nach Innovationen im sozialwirtschaftlichen Geschehen gesucht, ist das Management ihrer Einführung und Umsetzung im Spiel, ebenso bei Gestaltung von Zusammenarbeit und in Netzwerken der Versorgung.

Einzelne Akteure bewegen sich in dem Feld und System, das sie vorfinden. Betriebswirtschaftliches Denken gehört zur Binnenperspektive der Sozialunternehmen, die mit ihrer Geschäftsführung, mit ihrem Beschaffungswesen, ihrem Finanzierungsmanagement, mit Controlling und Marketing und per Personal- und Organisationsentwicklung Kurs halten wollen. BWL reicht dazu hin, und auf ein Mehr an sozialwirtschaftlicher Orientierung mag der Geschäftsbetrieb des einzelnen Sozialunternehmens verzichten. Die Steuerung des Versorgungsgeschehens über die beteiligten Unternehmen hinweg erfolgt nicht durch sie, sondern auf der sozial- und gesundheitspolitischen Makroebene und per Inanspruchnahme von Infrastruktur und Leistungen auf der Mikroebene in vielen persönlichen und lebensgemeinschaftlichen Einzelentscheidungen. Öffentliche Haushalte und Personenhaushalte bestimmen die Ökonomie der Versorgung.

5

Soweit sich Sozialunternehmen in der gewöhnlichen Ökonomie bewegen und ihr Geschäft nach deren Kriterien betreiben, ordnet sich dieses Geschäft ohne Problem der Sphäre der Dienstleistungen ein, die es personen- und sachbezogen in großer Vielfalt gibt. Im sozialen Sektor bieten zu dieser Einordnung die Kommodifizierung von Leistungen – sie werden im Marktregime zur Ware – und die „BWLisierung" ihrer Erbringung Anlass. Mögen Dienste am Menschen besondere Qualitäten haben, bloß als Branche der (gewerblichen) Wirtschaft aufgefasst, kann „Sozialwirtschaft" neben Freizeitwirtschaft, Seniorenwirtschaft, Pflegewirtschaft etc. oder auch neben Energiewirtschaft, Textilwirtschaft, Autowirtschaft etc. eingeordnet werden. Es handelt sich um eine große Branche.

Die *Gesundheitswirtschaft* macht seit einigen Jahren vor, wie sich ein Versorgungssystem als Wirtschaftsfaktor und gleich als ein besonders gewichtiger (in Deutschland mit 6,2 Mill. Beschäftigten 2014) in der Volkswirtschaft etabliert. Gesundheitsunternehmen bleiben nicht im Bezugsrahmen der gesetzlichen Krankenversicherung (Neubauer 2007), sondern bieten im Gesundheitsmarkt frei wählbare Güter an und verflechten sich mit Wirtschaftszweigen wie der Pharmaindustrie, der Medizintechnik und der Wellness- und Fitnessbranche. Die Gesundheitswirtschaft gilt als Wachstumsmotor und Zukunftsbranche (Goldschmidt und Hilbert 2009; Gramig und Nefiodow 2010; Henke et al. 2011; Mühlbauer et al. 2012). Ohne Zweifel trägt sie zur Mehrung des Bruttoinlandsprodukts eine Menge bei. Das allgemeine Bedürfnis von Menschen, gesund zu sein und zu bleiben, schafft genügend Nachfrage und kommt einer zunehmenden Kommodifizierung von Dienstleistungen entgegen, die Wohlbefinden versprechen.

Vom Gesundheitsmarkt, auf dem sich das Angebot und die Nachfrage nach Gesundheitsgütern ausgleichen können, unterscheidet sich nun ein *Sozialmarkt* (als Begriff nicht zu verwechseln mit einem Discounter im Einzelhandel) mit sehr eingeschränkter Kundensouveränität. In einem Sozialmarkt werden fast ausschließ-

© Springer Fachmedien Wiesbaden 2016
W. R. Wendt, *Sozialwirtschaft kompakt*, essentials,
DOI 10.1007/978-3-658-11884-6_5

lich personenbezogene Leistungen „gehandelt", die sozialrechtlich und administrativ reguliert sind. Es gibt in einem solchen Quasi-Markt (Le Grand 1991, 2007) keine freie Preisgestaltung, und für den Zugang zum Markt brauchen Anbieter einen Versorgungsauftrag. Einen Wettbewerb von Anbietern gibt es um die Erteilung von Aufträgen. Wer sie erhält, dem wird in einem Versorgungsvertrag vorgeschrieben, was zu leisten ist. Weder die Anbieter noch die Abnehmer sind somit maßgebend für die Güter, die auf einem Sozialmarkt bewegt werden, es sei denn, man bezieht informelle Initiative und den Spielraum freien Engagements mit ein.

Indes produziert die organisierte Sozialwirtschaft wie die Gesundheitswirtschaft, als eine Industrie neben anderen betrachtet, insgesamt Dienstleistungen in großer Menge für ihre Kunden und trägt mit dem Umsatz an Gütern und dem dabei erzielten Einkommen zum Bruttoinlandsprodukt bei. Sie zieht in ihren gemeinnützigen und in ihren privat-gewerblichen Strukturen auch kaum Grenzen zu Wirtschaftszweigen wie dem Sport oder der Freizeitindustrie: Offene Jugendarbeit geht in kommerzielle Jugendunterhaltung über; die Touristik nimmt sich der Senioren an; chronisch problembelastete Menschen brauchen Erholung, Begegnung mit anderen Menschen, Entspannung usw. Alles kann ihnen gewerblich geboten werden. Insgesamt ermöglicht die *Freizeitwirtschaft* in einem umfangreichen Dienstleistungsmarkt den Konsum von Lebensqualität. Die Kommerzialisierung ist hier weit fortgeschritten. Die Branche wird als „Leitökonomie der Zukunft" beschrieben, soll Motor im „Wachstumsmarkt Wohlbefinden" sein (Opaschowski et al. 2007, S. 300). Die Unterhaltungs- und Tourismusindustrie versteht sich auf einen erlebnisorientierten Konsum, geballt etwa in großen Freizeitparks – und zweifellos werden damit Bedürfnisse vieler Menschen befriedigt.

Man kann aus allem ein Geschäft machen. Kyrer (2001, S. 161) ordnet den „menschlichen Bedürfnissen, die die Grundlage allen Wirtschaftens bilden, *zehn Geschäftsfeldern*" zu. Er nennt

1. *Geschäfte mit dem Leben*; das sind wirtschaftliche Tätigkeiten, die der Ernährung und dem Wohnen gewidmet sind.
2. *Geschäfte mit dem „Überleben"*; das sind insbesondere gesundheitsbezogene Betätigungen und Industrien.
3. *Geschäfte mit dem Tod* – vom Drogenhandel bis zur Rüstungsindustrie.
4. Geschäfte mit humanitären Zielen, Tieren, seltenen Arten und Pflanzen. Hierher rechnet Kyrer u. a. karitative Aktivitäten.
5. *Geschäfte mit der Angst* – alles, was ein Sicherheitsbedürfnis befriedigt.
6. Geschäfte mit Luxus, Eitelkeit und Freizeit, auch Unterhaltungsangebote aller Art.
7. *Geschäfte mit der Mobilität.* Das sind Aktivitäten zum Verkehr mit den Produkten, die ihn ermöglichen.

8. Geschäfte mit dem Umweltschutz. Sie entsorgen.
9. Geschäfte mit Kommunikation und Neugier. Alle Medienangebote rechnen hierher.
10. *Geschäfte mit Geld* – die Finanzindustrie.

(Kyrer 2001, S. 161 ff.). In all diesen Geschäften realisiert sich das erwerbswirtschaftliche Potential.

Dagegen ist sozialwirtschaftlich zunächst zu bedenken, wie wir „mit dem Leben" und mit dem, was zu ihm an Kultur, Bildung, Beschäftigung, Kommunikation, Sicherheit und Schutz gehört, auskommen – und dazu mit verfügbaren Mitteln und Möglichkeiten haushalten. Nicht das unternehmerische Geschäft mit all dem ist hier Dreh- und Angelpunkt des Interesses, sondern Versorgung im Sinne der Deckung eines sozialen und humanen Bedarfs. Versorgung ist eine individuelle und gemeinschaftliche Aufgabe. Sie wird institutionell in einem Haushalt wahrgenommen. Von ihm gehen Unternehmungen aus – oder er zieht Unternehmen heran, die zur Versorgung dienen können.

Sozialwirtschaft in Haushalten begreifen

Die Dienste und Einrichtungen, die zur organisierten Sozialwirtschaft gehören, werden öffentlich und privat wohlfahrtsdienlich in Gebrauch genommen und sie bauen auf Ressourcen, die ihnen „von oben" (vom Staat oder durch Parafisci) und „von unten" (von Helfern und Nutzern) bereitgestellt werden. Die Mittel und Kräfte kommen aus Haushalten und mit ihnen ist hauszuhalten. Die Entscheidungen über den Ressourceneinsatz unterliegen nicht einem Marktmechanismus, in dem sich Angebot und Nachfrage ausgleichen, sondern gehen einem Leistungsangebot und dessen Nutzung voraus. Um soziales Wirtschaften zu begreifen, muss hinter den gebotenen Service auf den existenziellen Lebenszusammenhang zurückgegangen werden, in dem und für den er nötig wird.

Die Theorie der Sozialwirtschaft verankert sich im *Paradigma des Haushalts* als ökonomische Struktur des Eingerichtetseins von Lebensgemeinschaften und von einzelnen Personen. Haushalten wird als prinzipieller Weise ihres Zurechtkommens und der Haushalt als dessen ökonomischer Bezugsrahmen begriffen. Primär in ihm wird soziale Versorgung bewirtschaftet. Der Haushalt lässt sich definieren als „eine Einheit der auf Sicherung der gemeinsamen Bedarfsdeckung einer Menschengruppe im Rahmen eines sozialen Gebildes gerichteten Verfügungen" (Egner 1976, S. 36). Unter die Kategorie des Haushalts fallen *member-serving organisations*, aber auch Organisationen, die andere Bürger bedienen und dabei eine solidargemeinschaftliche Funktion wahrnehmen. Dass beide Arten von Organisationen in marktökonomischer Funktion auch als Unternehmen auftreten, ändert nichts an ihrer Versorgungsfunktion.

Zur Kennzeichnung von Haushalten als Wirtschaftssubjekten rückt ihr Verhältnis zu Unternehmen in den Fokus der sozialwirtschaftlichen Theorie – gegenüber der volkswirtschaftlichen Identifikation von Unternehmen mit (produktivem) Wirtschaften und der Berücksichtigung von Haushalten nur in Konsumenten- und Bereitstellungsfunktion (Bereitstellung des Faktors Arbeit) im Modell des einfachen

© Springer Fachmedien Wiesbaden 2016

W. R. Wendt, *Sozialwirtschaft kompakt,* essentials,

DOI 10.1007/978-3-658-11884-6_6

Wirtschaftskreislaufs. Im erweiterten Modell tritt der Staat einerseits als Haushalt, andererseits als Unternehmen hinzu. Haben Unternehmen einen Erwerbscharakter, setzen Haushalte ein verfügbares Einkommen für den Verbrauch von Gütern ein. Gemeint sind in der volkswirtschaftlichen Systematik nicht nur Personenhaushalte, sondern auch die vielen nicht erwerbswirtschaftlichen Organisationen, die den Sektor sozialer Betätigung bevölkern.

Haushalte treffen aus herkömmlicher mikroökonomischer Sicht Nachfrageentscheidungen (auf der Basis von Entscheidungen über die Verwendung von Einkommen). Selbständige Unternehmen treffen Entscheidungen darüber, welche Güter und wie viel davon sie anbieten (vgl. Löchel 2003). Auch in einem offenen Markt können sie das nicht uneingeschränkt tun. Im gesamtwirtschaftlichen und gesellschaftlichen Interesse greift der Staat steuernd ein; er lenkt das Geschehen und sichert es. Er „hält Haus", indem er das Handeln der ökonomischen Akteure per Vorgabe von Normen und mit Interventionen reguliert. Das geschieht u. a. im erwerbswirtschaftlichen Bereich per Gestaltung von Infrastruktur, mit marktregulierenden Regeln, per Auftragsvergabe, mit Beihilfen, mit der Kontrolle von Güterpreisen und Gütermengen usw.

Wirtschaften fängt aus ökosozialer Sicht ohnehin nicht mit dem einen oder anderen Unternehmen an, sondern mit überlegten Akten der Bedarfsdeckung. Weil im individuellen Haushalt bzw. in häuslicher Gemeinschaft ein Bedarf vorliegt, wird etwas unternommen (wobei „außer Haus" wiederum ein größerer Haushalt – der Natur, des kommunalen Lebens, staatlicher und internationaler Infrastruktur – in Anspruch genommen wird). Wirtschaften bedeutet hier primär eine angemessene Haushaltsführung und sekundär die damit verbundenen Geschäfte, mögen sie drinnen auszuführen oder draußen zu unternehmen sein. In der Beziehung von Haushalten aufeinander erfüllen Märkte nur eine Aushandlungsfunktion bei gegebener Unabhängigkeit einzelner haushaltender Akteure (sie hätten es für ihren Haushalt möglichst auskömmlich und kostengünstig und wollen ihre Ressourcen schonen).

Somit wird prinzipiell *in Haushalten* etwas unternommen. Sie enthalten einen Vorrat an Ressourcen – natürlichen und geschaffenen, materiellen und immateriellen – und ziehen sie zu bestimmten Zwecken heran. Menschen versorgen sich aus ihrer Umwelt. In ihr liegen Ressourcen der Natur und institutionelle Ressourcen vor, von der im Raum des Gemeinwesens vorhandenen Infrastruktur über die Systeme der dienstlichen Daseinsvorsorge bis zu den öffentlich zugänglichen Wissensbeständen und der kulturellen und mentalen Ausstattung des Lebens in der Gesellschaft. Es sind die *commons* im Sinne von Elinor Ostrom (1990). Sie werden bewirtschaftet, auch ohne im Markt handelbar zu sein.

Haushalte sind im öffentlichen Verantwortungsbereich kommunaler und staatlicher Natur. Auch Parafisci wie die gesetzlichen Träger der Sozialversicherungen gehören dazu. Andererseits sind Haushalte unmittelbar lebensgemeinschaftlicher Natur und stellen die Wirtschaftseinheiten von Personen und Familien dar. Sie sorgen für den Unterhalt, das Auskommen und Fortkommen von Haushaltsgenossen. Aus den Einzelwirtschaften werden in das Gemeinwesen und dessen (kommunalen und staatlichen) Haushalt eigene Leistungen eingebracht. Die Bürger und die im Gemeinwesen wirtschaftenden Unternehmen finanzieren seinen Haushalt mit Beiträgen, Abgaben und Steuern.

Fundament des individuellen Zurechtkommens bleibt der Einzelhaushalt, dem Menschen angehören und den sie führen. Idealtypisch haben wir ihn in der antiken Gestalt des *Oikos* vor uns. Die anfängliche Bindung des Wirtschaftens an das Hauswesen ist am Muster des Oikos oft genug beschrieben worden (Wendt 1982, S. 10 ff.; Richarz 1991; Booth 1993) und es kann auf die dazu getroffene Unterscheidung des Wirtschaftens als „Haushaltungskunst" (oikonomiké) von der „Erwerbskunst" (chrematistiké) gebaut werden.

Die „natürliche" Wirtschaft in Haus und Hof ist nach aristotelischer Interpretation dem guten Leben und rechten Zusammenleben gewidmet. Sie ist inhärent ethisch veranlagt und auf eine ursprüngliche, wenngleich hermetische, Weise „sozial", weil auf Gemeinschaft und die Pflege von Beziehungen in ihr angelegt. Die Erwerbskunst dagegen, soweit sie sich auf den Bedarf der Hausgenossen beschränkt, dient nach Aristoteles (nur) der Beschaffung von Gütern, die zum Wirtschaften im eigentlichen, häuslichen Sinne gebraucht werden. Die Kunst dieses Wirtschaftens hat ihr Maß in der Auskömmlichkeit zwischen knapper Subsistenz und annehmlicher Suffizienz. „Es leuchtet nun ein, dass die Kunst der Haushaltsführung nicht mit der Beschaffungskunst identisch ist; denn diese hat die Aufgabe, die Mittel bereitzustellen, jene andere dagegen, sie zu gebrauchen. Denn welche Kunst, wenn nicht die der Führung eines Haushalts, sollte die Mittel im Haus gebrauchen?

Ob aber die Beschaffungskunst einen Teil der Führung eines Haushalts bildet oder eine besondere Art (von Kenntnis) ist, ist eine Frage, zu der man unterschiedliche Meinungen haben kann. Wir gehen davon aus, dass derjenige, der sich um den Erwerb kümmert, zusehen muss, woher Geld und Besitz gewonnen werden können." (Aristoteles, Pol. I 1256a, S. 10–16)

In einer Form ist die Erwerbskunst Teil der Haushaltsführung, „denn ein reichlicher Vorrat an Gütern, die für das Leben unerlässlich und für die staatliche und häusliche Gemeinschaft nützlich sind, muss vorhanden sein" (Pol. I 1256b, S. 28). Nicht naturgemäß dagegen sei eine „gewinnsüchtige" Erwerbskunst, die keine Grenzen in der Mehrung von Reichtum kenne. – In der Moderne kümmert man sich nun aber ökonomisch vor allem um den Gewinn – und die Erwerbswirtschaft „außer Haus" wird dominant für den Einzelnen und für das Gemeinwesen in seiner staatlichen Organisation.

Historisch blieb die Identität von Haushalten und Wirtschaften bzw. von Haus und Wirtschaft bis weit in die Neuzeit denen präsent, die sich mit der Ökonomie im Staatswesen beschäftigten. Jean-Jacques Rousseau definierte in seiner *Abhandlung über politische Ökonomie*, die er 1755 für die *Encyclopédie* schrieb, einleitend die ÉCONOMIE OU ŒCONOMIE, indem er auf das antike Hauswesen rekurierte: „Das Wort kommt von *oikos*, Haus, und *nomos*, Gesetz, her und bedeutet ursprünglich nur die weise und gesetzmäßige Regierung des Hauses zum gemeinsamen Nutzen der ganzen Familie. Der Sinn dieses Ausdrucks wurde später auf die Regierung der großen Familie ausgedehnt, die der Staat ist. Um diese beiden Begriffe zu unterscheiden, nennt man sie im ersten Fall *allgemeine oder politische Ökonomie* und im anderen Fall *häusliche oder private Ökonomie.*" (Rousseau 1977, S. 9)

Wenige Jahre später gründete der Schotte James Steuart, der Auslegung von Rousseau folgend, den Haushalt des politischen Gemeinwesens ebenfalls auf den familiären Haushalt. Steuart definierte für die „domestic policy" im Vorwort seiner „Inquiry into the Principles of Political Economy" 1767:

> Oeconomy, in general, is the art of providing for all the wants of a family, with prudence and frugality.
> If any thing necessary or useful be found wanting, if any thing provided be lost or misapplied, if any servant, any animal, be supernumerary or useless, if any one sick or infirm be neglected, we immediately perceive a want of oeconomy. The object of it, in a private family, is therefore to provide for the nourishment, the other wants, and the employment of every individual. In the first place, for the master, who is the head, and who directs the whole, next for the children, who interests him above all other things, and last for the servants, who being useful to the head, and essential to the well-being of the family, have therefore a title to become an object of the master's care and concern.

Der Haushalt – der Familie und des Staates – repräsentiert für Steuart die Idee des Wirtschaftens und die Idee des Regierens. Sie gehören in der Differenz ihrer Bedeutung zusammen.

Haushalten ist immer mit der Frage verbunden, wer über Dispositionen entscheidet. Steuart hebt Ökonomie und Regierung (government) voneinander ab. Was wirtschaftlich – in einer (haushaltenden) Ökonomie – *auszuführen* ist, bestimmt der Herr im Hause resp. die Herrschaft im Staat. Vor Steuart hatte analog Rousseau in seiner „Abhandlung über politische Ökonomie" konstatiert, dass es im Hauswesen nur eine Befehlsgewalt geben könne. Der Vorstand eines Hauses vereint die Positionen von „master" und „lord". Auch im Staat ist gleichermaßen

Meisterschaft in ökonomischen Belangen und Herrschaft über sie in der Staatsverwaltung gefragt. Wir finden diese Dualität heute wieder im Verhältnis von *Management* und *Governance*, auf beiden Seiten nun möglichst heruntergebrochen auf Partnerschaft in verteilter Verantwortung.

Der absolute Staat hatte dafür seine *Wohlfahrtspolizei*. Deren vielfältige Wirkungsmöglichkeiten wurden selbst nach dem Ende des Ancien regime noch anerkannt. In der Sorge für Recht und Wohlfahrt seien, so Pölitz 1825, zur „unmittelbaren Verwirklichung des Staatszweckes" neben der Aufgabe der öffentlichen Sicherheit und Ordnung die Aufgabe zu lösen, „die Cultur und Wohlfahrt der Staatsbürger nach ihrem ganzen Umfange zu begründen, befördern, erhalten und zu erhöhen" (Pölitz 1825, S. 140). Die Aufgabe verschwindet im demokratischen Gemeinwesen nicht; sie wird wohlfahrtsstaatlich wahrgenommen. In dem Maße, in dem sich nun der Staat in seinem Haushalt mit der Aufgabe überfordert findet, immer umfangreicher das Ergehen der Bürger per öffentlicher Versorgung zu gewährleisten, teilt er die Verantwortung mit ihnen und baut auf ihre vorhandene oder zu entwickelnde Meisterschaft und Selbstregierung in individueller und gemeinschaftlicher Lebensgestaltung und Lebensführung.

Sorgen im und außer Haus

Soziale und gesundheitsbezogene Versorgung oblag vormodern dem „ganzen Haus" und dann bei Not und ersatzweise den weltlichen Kommunen und geistlichen Kommunitäten. Solidargemeinschaftliche Selbstorganisation „außer Haus" kam in der Neuzeit in Form von „friendly societies", Gegenseitigkeitsgesellschaften und Produktivgenossenschaften hinzu, bevor der Staat für weite Teile der Bevölkerung einen gesetzlichen Rahmen für soziale Sicherheit und Wohlfahrtsdienste schuf. Bestehen blieb die Zeiten über die primäre Bindung und Abhängigkeit unter Familienangehörigen.

Auf ihr gründet in Personenhaushalten ein Leistungsvermögen, das durch Erwerbstätigkeit im Arbeitsmarkt und durch Einkauf von formellen Dienstleistungen nicht ersetzbar ist. Die hier produzierte Wohlfahrt hat Qualitäten, die in den rauen Wettern der Konkurrenz im Markt nicht gedeihen. Privathaushalte leisten, wie insbesondere die Hauswirtschaftslehre betont, als gesellschaftliche und ökonomische Basisinstitutionen in ihrer „Alltags- und Lebensökonomie" (Piorkowsky 2011) in selbständiger Ressourcenverwendung die Bedarfsdeckung der ihnen angehörenden Personen. Im haushaltsinternen Produktionsprozess werden unmittelbar Versorgungsleistungen erbracht, Unterstützung, Pflege, Erziehung inklusive, und von außen bezogene Güter werden eingesetzt oder umgeformt, um diese Leistungen zustande zu bringen. Ergänzend oder ersetzend kommt der Fremdbezug von Dienstleistungen in Frage, soweit das Budget es erlaubt und die Präferenzen der Akteure im Haushalt sie nicht von einer auswärtigen Versorgung abhalten.

Dieses Potential wird seit Aufkommen der Marktökonomie nur nicht mehr erkannt. Die klassische Nationalökonomie in der Nachfolge von Adam Smith hat die häusliche Produktivität ignoriert bzw. ihre Leistungen für unproduktiv und daher nicht von Wert gehalten. Deshalb konstatierte bekanntlich bereits Friedrich List 1841: „Wer Schweine erzieht, ist nach der Werttheorie ein produktives, wer Menschen erzieht ein unproduktives Mitglied der Gesellschaft. Wer Dudelsäcke oder

© Springer Fachmedien Wiesbaden 2016

W. R. Wendt, *Sozialwirtschaft kompakt,* essentials,

DOI 10.1007/978-3-658-11884-6_7

Maultrommeln zum Verkauf fertigt, produziert, die größten Virtuosen, da man das von ihnen Gespielte nicht zu Markte bringen kann, sind nicht produktiv." (List 1841, S. 151)

Auch wenn es in der Arbeitswelt nicht zählt und in der Geschäftswelt nicht honoriert wird, nimmt der einzelne Mensch mit unterschiedlich viel Leidenschaft und einer Menge Mühe seine informellen Aufgaben wahr. Während die individuellen Akteure auf dem Markt des Gütertausches ihrem Eigeninteresse an Gewinn folgen und im Wettbewerb ihren Vorteil suchen, finden sie sich gleichzeitig in unterschiedlicher Weise in Anspruch genommen von Sorge im gemeinsamen Leben. In seiner Binnensphäre geht es um Bewältigung und vom individuellen Akteur wird ein Gelingen sorgend angestrebt. Sein Entscheidungsverhalten ist dabei in seiner ganzen persönlichen und sozialen Verfassung begründet. Er muss seine Dispositionen selber gar nicht in ihrer ökonomischen Bedeutung begreifen. Die Sozialwirtschaft kann mit dem Modell des *homo oeconomicus* nichts anfangen. *Persönliche Entscheidungen sind nicht deshalb keine ökonomischen, weil sie oft nicht bewusst und rational getroffen werden.* Vollzogen wird in der individuellen Existenz ein Einsatz knapper Mittel – sei es Kraft, Geld oder Zeit – auch unbedacht. Getroffene Entscheidungen mögen im Nachhinein in ihrer Beziehung auf die Deckung eines Bedarfs eingeschätzt oder von anderen Beobachtern in dieser Hinsicht beurteilt werden.

Es ist die physiologische, somatische Verfassung des Einzelnen, die ihn Ressourcen als „Lebens-Mittel" nutzen lässt. Deren Gebrauch ist immer auch emotional bedingt, von der mentalen Verfassung und von sozialen Rücksichten bestimmt. Ohne das äußere Streben von Menschen nach Gewinn, bei sozialer Anerkennung angefangen, zu leugnen und damit das Gebaren in warenwirtschaftlichen Kontexten zu ignorieren, sind doch vorrangig die Dispositionen in der persönlichen Lebenslage und die darin veranlagte Lebensführung zu besehen, wenn nach Bewirtschaftung humaner Existenz gefragt wird, die sinnvoll und wertschöpfend ist (ethisch fundiert in der Frage, wie wir leben wollen und sollen).

Dass es dem zentrifugalen Erwerbsstreben entgegen das zentripetale Angewiesensein auf Lebenserfüllung, auf Gemeinschaft, auf andere Menschen und auf sich selber gibt, ist ein konstitutives Moment der Sozialwirtschaft. Mikroökonomisch wird in dieser primären Beziehung nicht weniger geleistet, unternommen, geschaffen und erstellt als in der erwerbswirtschaftlichen Sphäre, deren Akteure in der Volkswirtschaftslehre herkömmlich als Unternehmen benannt sind. Die Trennung des Außenraums marktlicher Produktions- und Tauschverhältnisse vom Binnenraum der Bewirtschaftung des Lebens ist als „Grundproblem kapitalistischer Ökonomie" bezeichnet worden: „Es trennt die Naturproduktivität und Produktivität der sozial weiblichen Care-Arbeit ab, grenzt sie als Nicht-Ökonomie aus. Ökonomie wird ausschließlich verstanden als von diesen lebendigen Grundlagen unabhängige Marktökonomie. Und diese Trennungsstruktur ist geschlechtshierarchisch. – Was an Märkten geschieht, ist öffentlich, ist sichtbar, gilt als wertvoll, die dort geleistete Erwerbsarbeit als Wert schaffend und deshalb zu bezahlen. Die Care-Ökonomie dagegen gilt als privat, ist unsichtbar, nicht wertvoll, die hier geleistete Arbeit gilt als nicht Wert schaffend und daher nicht zu bezahlen." (Biesecker 2011, S. 53)

Zwischen der häuslichen Sorgearbeit und der formellen dienstlichen Versorgung bestehen Austauschprozesse. Die eine kann die andere ersetzen. Außerhäusliche Kinderbetreuung übernimmt familiäre Funktionen. Gleichzeitig kann eine Tagesmutter in ihrer Wohnung Plätze bieten, die in Kindertagesstätten fehlen. Informell oder auch illegal angestellte Haushaltshilfen treten an die Stelle von Fachdiensten der Pflege. Nachbarschaft oder ein Freundeskreis kann Alleinerziehende stützen. Auf der Aggregatebene der Versorgung bzw. im Welfare Mix der Angebote von Staat, Markt, Zivilgesellschaft und Privathaushalten können die Potenziale der einen Seite diejenigen der anderen Seite nähren und mehren. Die Sorgenden sind Koproduzenten, wenn es um das eigenen Ergehen und wenn es um die Wohlfahrt anderer Menschen geht, für die sie sich sorgend engagieren.

Care economy schließt zu der formellen Struktur auf, die wir im sozialgesetzlichen Leistungssystem und unter Beteiligung frei-gemeinnütziger Vereinigungen und auch gewerblicher Anbieter eingerichtet finden. Das Sorgen im persönlichen und familiären Lebenskreis geschieht informell. Die Sorgeökonomie besteht in der Art und Weise, wie Menschen sich umeinander kümmern, für sich selbst sorgen und lebensgemeinschaftlich ihren Unterhalt betreiben, die Gestaltung ihres Alltags, ihre Gesunderhaltung, die Pflege von Beziehungen, die Erziehung von Kindern, die Vorsorge gegen allfällige Risiken inklusive. Die Ökonomie des Sorgens unterstellt einen weiten Begriff von *care* und *caring*. In der Definition von Berenice Fisher und Joan Tronto bedeutet Care „a species activity that includes everything that we do to maintain, continue and repair our ‚world' so that we can live in it as well as possible. That world includes our bodies, our selves, and our environment, all of which we seek to interweave in a complex, life-sustaining web." (Fisher und Tronto 1990, S. 40).

Menschen bilden innerhalb und außerhalb von Personenhaushalten mit ihrem sorgenden Handeln die „humane Infrastruktur" des Unterhalts von Wohlfahrt. Der „reale Reichtum einer Nation" bestehe nicht in Geld und Besitz, sondern aus Beiträgen sorgender Menschen und von „Mutter Natur", propagiert Riane Eisler in „The Real Wealth of Nations" (Eisler 2010), wie vorher schon Nancy Folbre (2001) und andere Aktivistinnen der *Feministischen Ökonomie* dargelegt haben. Sie verheißt in ihren Diskursen verheißt sie eine „Neuerfindung des Ökonomischen" (Biesecker und Hofmeister 2006) und bietet Perspektiven für eine „integrale

Ökonomietheorie" (Chorus 2012). In die gleiche Richtung weist die *Caring Economy Campaign* in den USA.

Die Fruchtbarkeit des feministischen Diskurses für die Theorieentwicklung der Sozialwirtschaft besteht nach allem weniger in der Aufdeckung der Bedeutung unbezahlten weiblichen Sorgens und seines verborgenen Anteils an der Produktivität der Wirtschaft im ganzen, sondern vielmehr in deren neuer Fundierung in gemeinsamer wirtlicher Sorge, die Selbstsorge eingeschlossen. Eine Theorie sozialen Wirtschaftens baut darauf in ihren Erörterungen, warum und wozu sich Menschen außerhalb der marktlichen Erwerbssphäre engagieren, ihre materiellen Ressourcen, ihre Zeit und ihre Kraft einsetzen. Da dies alles knappe Mittel sind, ist Wohlfahrt nach subjektiver und objektiver Einschätzung Zweck genug, an ihr und für sie beständig zu arbeiten.

Komplementäre und kompensatorische Produktivität

Mit ihrem Sachziel im Wohlergehen von Menschen erfüllt die Sozialwirtschaft eine produktive Funktion. Hatte man sozialen Einrichtungen und Diensten ökonomisch lange unterstellt, nur Kosten zu verursachen, welchen Wert sie in anderer Hinsicht haben mochten, ist inzwischen erkannt, dass Investitionen in diesem Bereich sich rentieren und dass sie zu dem ohnehin vorhandenen ständigen Mitteleintrag durch die Endnutzer hinzukommen müssen, will man mit neuen Arrangements eine nachhaltig gedeihliche soziale Entwicklung und den damit verbundenen Unterhalt der erwerbswirtschaftlichen Potenz erreichen.

Die Sozialwirtschaft bringt *Lebensqualität* zuwege und sie nährt und stärkt das *Humanvermögen*. Sie gelangt dahin nicht mit Diensten und in Einrichtungen allein, sondern nur in Kooperation mit ihren Nutzern (wenn und soweit diese nicht schon selber ihre Wohlfahrtsproduktion lebensgemeinschaftlich zustande bringen). Sache der Sozialwirtschaft ist weniger die materielle Ausstattung mit Gütern. Der Lebensstandard einer Gesellschaft kommt gesamtwirtschaftlich zustande. Sozialwirtschaftlich wird Wohlfahrt vor allem in Hinblick auf die immateriellen Seiten der Lebensqualität besorgt. Erik Allardt (1973) hat die Dimensionen individueller Wohlfahrt in der parallelen Erfüllung von Sicherheitsbedürfnissen (*Having*), Zugehörigkeitsbedürfnissen (*Loving*) und Bedürfnissen nach Selbstverwirklichung (*Being*) bestimmt. Zur erstgenannten Dimension gehört die Verfügung über das nötige Einkommen, über Bildung, Gesundheit und einen Wohnstandard; zur zweiten Dimension die Einbindung in Familie und in Gemeinschaft darüber hinaus; zur dritten Dimension gehören das Ansehen einer Person und die Kompetenzen, die ihr eigen sind. Benachteiligte und verwundbare Menschen brauchen zunächst eine Förderung und Entwicklung ihrer persönlichen Verwirklichungschancen, um in den genannten Dimensionen die Qualität des Lebens zu erfahren. Sie brauchen ihr Humanvermögen – persönliche Stärken, Bildung, aktive Teilhabe am sozialen Leben und an Arbeit – für ein subjektiv und objektiv positives Ergehen.

© Springer Fachmedien Wiesbaden 2016   35
W. R. Wendt, *Sozialwirtschaft kompakt,* essentials,
DOI 10.1007/978-3-658-11884-6_8

Lebensqualität und Humanvermögen können als die beiden hauptsächlichen Komponenten sozialer Wohlfahrt angesehen werden (vgl. Wendt 2010) und sie sind überaus gewichtige Standortfaktoren auch der erwerbswirtschaftlichen Leistungsfähigkeit. Die sozialwirtschaftlich organisierte Wohlfahrtsproduktion hat für sie ihren Wert nachgerade in den Dimensionen, die nicht unter dem Formalziel erwerbs- und marktwirtschaftlicher Aktivität zu betrachten sind. Indem das Sachziel in der Bedarfswirtschaft auf der Individualebene erreicht wird, humanes Gedeihen gefördert wird, kommt auf der Aggregatebene eine Sozialqualität zustande, die Bedingung des wirtschaftlichen Gedeihens insgesamt ist.

Das Konstrukt Lebensqualität hat in den letzten Jahren zunehmend wissenschaftliche und politische Aufmerksamkeit gefunden. Die elf Dimensionen des Wohlergehens, welche die OECD in ihrem *Better Life Index* anführt, sind alle für den Einzelnen relevant, aber im Neben- und Nacheinander sehr unterschiedlich gewichtig: *Housing – Income – Jobs – Community – Education – Environment – Civic Engagement – Health – Life Satisfaction – Safety – Work-Life Balance* (vgl. OECD 2011). In der Sozialen Arbeit und humandienstlich haben wir es mit Schieflagen, Defiziten, Störungen und Bewältigungsnöten in allen diesen Dimensionen zu tun – mit Wohnproblemen bis hin zu Wohnungslosigkeit, mit Einkommensausfällen und Schulden, mit Arbeitslosigkeit, mit sozialer Isolation oder Ausgrenzung, mit Bildungsmängeln, schlechten Umweltverhältnissen, mangelnder Teilhabe, gesundheitlichen Beeinträchtigungen, Kriminalität und den Schwierigkeiten, äußeren Anforderungen und den Bedürfnissen im eigenen Leben nachzukommen. Um alle diese Probleme kümmern sich eine Menge Humanberufe und zweckdienliche Einrichtungen und Unternehmen. Wer sie von sich aus in Anspruch nehmen kann, der findet Wohnungs-, Arbeitsplatz-, Bildungs- oder Erholungsangebote vor.

Sozial gewirtschaftet werden kann in diesen Hinsichten auf dreierlei Weise:

- Unternehmen bleibt es überlassen, passende Angebote für eine bestehende Nachfrage zu machen.
- Die öffentliche Hand sorgt für die Bereitstellung der nötigen Dienste und Einrichtungen und schafft auch die Voraussetzungen dafür, dass sie angemessen genutzt werden.
- Haushalte agieren einzelwirtschaftlich in den genannten Dimensionen zur Ausstattung eines guten und gelingenden Lebens.

Es liegt nahe, die Modi der Bewirtschaftung nicht unabhängig voneinander zu betrachten, sondern Sozialwirtschaft in der Strukturierung der Beziehungen dieser Modi und der Akteure aufeinander zu konzipieren.

Ein zusätzliches Moment in der Bilanzierung sozialen Wirtschaftens ist neben der Wertschätzung von Lebensqualität und Humanvermögen die Generierung von *Sozialkapital*. In einer Kultur der Assoziation und der freiwilligen Mitwirkung nutzt es mit seinen Funktionen der Vernetzung, Bindung und Beziehungspflege (*linking, bonding* und *bridging*) der lokalen ökonomischen Entwicklung (Kay 2006; Evans und Syrett 2007). Das ungleich verteilte Sozialkapital garantiert zwar nicht den Zusammenhalt in der Gesellschaft; es trägt aber als erschließbare Ressource zu ihm bei. Das EU-Forschungsprojekt CONSCISE hat die Bildung und den Einsatz von Sozialkapital durch und in Sozialunternehmen unter drei Hypothesen untersucht:

1. Local social capital generated by local community networks leads to the emergence and growth of social enterprises
2. Local social enterprises generate further social capital which is then available for further development
3. A third hypothesis states that via co-operation and mutual support local social enterprises generate a form of social capital characterised by the development of a local social economy

(CONSCISE 2003, S. 14). Es zeigte sich, dass die koordinierten Aktivitäten sozialer Unternehmen und das Sozialkapital, das zu ihnen führt, einander bedingen (a. a. O., S. 112). Empirisch wird belegt: Die Sozialunternehmen sind selber eingebettet in den Kontext der organisierten Sozialwirtschaft, in der sie ihre Aufgaben wahrnehmen und erfüllen (a. a. O., S. 126 ff.). Wer in ihr neu anfängt, findet sie vor.

Die Sozialwirtschaft lohnt Investitionen

9

Im sozialwirtschaftlichen Geschehen wird auf Lebensqualität und die Ausbildung bzw. den Erhalt von Humanvermögen hingearbeitet. Je mehr und je besser das Sozialleistungssystem und sein informelles Aktionsumfeld sich darauf verstehen (von der Förderung von Nachbarschaft und Engagement im Sozialraum über Teilhabe von Menschen mit Behinderungen bis zur Integration von Flüchtlingen und Zuwanderern und von der Frühförderung von Kindern bis zur Palliativversorgung im hohen Alter), desto eher sind Investitionen in dieses Geschehen angebracht und desto mehr lohnen sich diese.

Allgemein hält das gesellschaftliche Interesse an sozialer Performanz dazu an, sich ihr mit öffentlichem, bürgerschaftlichem und unternehmerischem Engagement zu widmen. Im Einsatz für Wohlfahrt kann so gemeinnützig für individuelle Akteure wie eigennützig für die kleinere oder größere Gemeinschaft sein. Der zivilgesellschaftliche Diskurs thematisiert private Beiträge zum Gemeinwohl als *Soziale Investitionen* (Anheier et al. 2012). Der Begriff lässt sich weiter oder enger fassen. Sehen wir von den öffentlichen Investitionen in das soziale Leistungssystem ab und auch von Investitionen von Menschen in das eigene Wohlergehen, bezeichnen Soziale Investitionen „alle *privaten Beiträge zum Gemeinwohl, die freiwillig* getätigt und sowohl von den Investoren als auch von der relevanten sozialen Gruppe bzw. der Gesellschaft als *gemeinwohlbezogen legitimiert* sind. Dabei macht es keinen Unterschied, ob es sich um informelle oder formal-organisierte Investitionsbeiträge, um freiwilliges Engagement, NGOs oder Stiftungen handelt." (Then und Kehl 2012, S. 40) Das Konzept betont die in privater Autonomie erfolgende Bereitstellung von Mitteln, denkt aber die „Einmischung" der Beiträge der nicht-staatlichen Akteure in den sektorübergreifenden *mix of welfare* mit.

Soziales Unternehmertum mischt sich in organisierte Versorgung nicht nur ein, es kann sie auch innovatorisch „aufmischen". Neue Ideen werden realisiert, zuvor unberücksichtigte Bedarfe erkannt und mit kreativen Lösungen abgedeckt. Dabei

© Springer Fachmedien Wiesbaden 2016
W. R. Wendt, *Sozialwirtschaft kompakt,* essentials,
DOI 10.1007/978-3-658-11884-6_9

ist die monothematische Ausrichtung des unternehmerischen Einsatzes von vornherein erfolgversprechend. Mit den Mühen in den Ebenen der gewöhnlichen Ver-
sorgungserfordernisse muss sich nicht belasten, wer an der einen oder anderen
Stelle eine Aufgabe heraushebt und allein sie zu bearbeiten unternimmt. Ähnlich
kann eine private *Stiftung* ihren Erfolg in der Beschränkung ihrer Zwecksetzung
finden. Wohltätige Stiftungen für Arme und Kranke gab es schon, als an ein Netz-
werk sozialer Sicherung und Versorgung noch nicht zu denken war, und sie konn-
ten naturgemäß nicht das leisten, was dem Sozialleistungssystem aufgetragen ist.

Im engeren Sinne wird privat mit sozialer Zwecksetzung in der Erwartung in-
vestiert, finanzielle Erträge mit sozialen Erträgen zu verbinden, welche dem *Social Return on Investment* (SROI) – Ansatz entsprechend wiederum teils monetär
zu berechnen, teils nicht-monetär als immaterielle Erträge zu ermessen sind. Das
Wirtschaftlichkeitsprinzip beansprucht auch in der sozialwirtschaftlichen Sphäre
Geltung, dass nämlich mit gegebenen Mitteln ein optimaler Ertrag angestrebt bzw.
ein ausgemachtes Vorhaben mit möglichst geringen Kosten realisiert wird.

In den angelsächsischen Ländern etabliert sich seit einigen Jahren eine „social
investment industry". Zu ihr tragen eine Menge Stakeholder bei, die in das Bezie-
hungsgefüge der Sozialwirtschaft neue Muster eintragen. Identifizieren lassen sich
nach einer britischen Studie „five different actors in the social investment market:

- *Social investors* who are seeking both social and financial returns;
- *Social investment and finance intermediaries (SIFIs)* who attract money from
  social investors and use it to make direct investments in front-line social ven-
  tures;
- *Front-line social ventures* such as charities, co-operatives and social enterprises
  who use the investment to directly finance their operations;
- *Commissioners* who are willing to pay for socially valuable services and
- *Social recipients* who are the ultimate beneficiaries of the services provided.

(Brown und Norman 2011, S. 2) Es bilden sich Strukturen aus, in denen die finanziellen und sozialen Interessen aus der Sphäre der Erwerbswirtschaft in eine
soziale Leistungserbringung umgesetzt werden. Der Einsatz erfolgt auf definierte
Resultate hin. Für einen *social impact* wird der Kapitalmarkt herangezogen – mit
dem Versprechen einer intermediären Organisation (z. B. *Social Finance, Inc.*),
dass sich die Investition auch finanziell lohnt.

Auch die öffentliche Hand kann Anleihen zur Finanzierung sozialer Projekte vergeben, wobei der Investor seinen Einsatz bei nachgewiesenem Erfolg mit-
samt einer Rendite zurückerhält. Diese *Pay for Success Bonds* bzw. *Social Impact
Bonds* (vgl. Howard 2012; HM Government 2012) gibt es beispielsweise für die

Resozialisierung von Straftätern (wobei die Senkung der Rückfallquote entlassener Häftlinge das Erfolgskriterium ist) oder für die Eingliederung von schwer vermittelbaren Arbeitsuchenden in das Beschäftigungssystem. Bestimmend bleibt der sozial ausgemachte Bedarf; *for profit* darf er bedient werden, wenn der soziale Ertrag den Aufwand erheblich übersteigt. Soll heißen: Der Kapitalgeber wird nicht institutionell in die Sozialwirtschaft aufgenommen, entscheidet auch nicht über den Bedarf und die Art und Weise, wie er gedeckt wird; er trägt nur dazu bei, dass dies geschieht.

Im *Welfare Mix* von Staat, Markt, Zivilgesellschaft und Privathaushalten sucht man generell in Partnerschaft neue Formate sozialen Unterhalts, der Integration, des solidarischen Austausches, der Versorgung und der Förderung zu erproben. Einzelne Projekte und Unternehmungen gewährleisten aber keine stabile und verlässliche Daseinsvorsorge und Wohlfahrtspflege. Ihr sind im Prozess sozialen Wirtschaftens in gemeinschaftlicher Sorge, durch professionelles Handeln, in administrativer Funktion wie in zivilem Engagement eine Menge Wirte verpflichtet. Sie verantworten auf den Ebenen der Entscheidung über Mittel und Möglichkeiten das Regime mit, in dem alle Beiträger ihren Ort und ihre Aufgaben haben.

Was Sie aus diesem Essential mitnehmen können

- Ein erweitertes und vertieftes Verständnis des sozialwirtschaftlichen Geschehens.
- Die Gewichtung sozialen Haushaltens gegenüber unternehmerischen Erwerbsabsichten.
- Die Einsicht, dass bei allen Kosten des Sozialleistungssystems die Produktivität hoch zu schätzen ist, mit der Lebensqualität gewonnen, soziale Sicherheit erhalten und zum Humanvermögen beigetragen wird.

© Springer Fachmedien Wiesbaden 2016
W. R. Wendt, *Sozialwirtschaft kompakt*, essentials,
DOI 10.1007/978-3-658-11884-6

Literatur

Allardt, Erik. 1973. *About dimensions of welfare. An exploratory analysis of a comparative Scandinavian survey*. Research report No. 1. Helsinki: University of Helsinki, Research Group for Comparative Sociology.

Anheier, Helmut K., Andreas Schröer, und Volker Then, Hrsg. 2012. *Soziale Investitionen. Interdisziplinäre Perspektiven*. Wiesbaden: VS, Verlag für Sozialwissenschaften.

Biesecker, Adelheid. 2011. Ökosoziales Wirtschaften und gesellschaftliche Entwicklung. In *Ökosoziale Transformation. Solidarische Ökonomie und die Gestaltung des Gemeinwesens*, Hrsg. Elsen Susanne, 49–65. Neu-Ulm: AG SPAK Bücher.

Biesecker, Adelheid, und Sabine Hofmeister. 2006. *Die Neuerfindung des Ökonomischen. Ein (re)produktionstheoretischer Beitrag zur sozial-ökologischen Forschung*. München: Oekom.

Blanc, Jérôme, Denis Colongo, Jesse Bryant, und Jordane Legleye, Hrsg. 2012. *Les contributions des cooperatives à une économie plurielle*. Paris: L'Harmattan.

Booth, William James. 1993. *Households. On the moral architecture of the economy*. Ithaca: Cornell University Press.

Bouchard, Marie J. 2013. *Innovations in the social economy. The Quebec experience*. Toronto: University of Toronto Press.

Brown, Adrian, und Will Norman. 2011. *Lightning the touchpaper. Growing the market for social investment in England*. London: The Boston Consulting Group/The Young Foundation.

Chorus, Silke. 2012. *Care-Ökonomie im Postfordismus. Perspektiven einer integralen Ökonomietheorie*. Münster: Westfälisches Dampfboot.

CIRIEC (edited by Marie J. Bouchard). 2009. *The worth of the social economy. An international perspective*. Brüssel: Peter Lang.

CONSCISE. 2003. *The contribution of social capital in the social economy to local economic development in Western Europe*. Final report. EU research on social sciences and humanities. Brüssel: DG Research.

Draperi, Jean-François. 2011. *L'économie sociale et solidaire: une réponse à la crise?* Paris: Dunot.

Egner, Erich. 1976. *Der Haushalt. Eine Darstellung seiner volkswirtschaftlichen Gestalt*. 2. Aufl. Berlin: Duncker & Humblot.

Eisler, Riane. 2008. *The real wealth of nations. Creating a caring economics*. San Francisco: Berrett-Koehler Publ.

© Springer Fachmedien Wiesbaden 2016

W. R. Wendt, *Sozialwirtschaft kompakt*, essentials,

DOI 10.1007/978-3-658-11884-6

Evans, Mel, und Stephen Syrett. 2007. Generating social capital? The social economy and local economic development. European Urban and Regional Studies 14 (1): 55–74.

Fisher, Berenice, und Joan Tronto. 1990. Toward a feminist theory of caring. In *Circles of care. Work and identity in women's lives,* Hrsg. Emily K. Abel und K Margaret, 35–62. Albany: State University of New York Press.

Folbre, Nancy. 2001. *The invisible heart. Economics and family values.* New York: The New Press.

Goldschmidt, Andreas J. W., und Josef Hilbert. 2009. *Gesundheitswirtschaft in Deutschland. Die Zukunftsbranche.* Stuttgart: Kma-Medien.

Gramig, Peter, und Leo A. Nefiodow, Hrsg. 2010. *Gesundheitswirtschaft – Wachstumsmotor im 21. Jahrhundert. Mit „gesunden" Innovationen neue Wege aus der Krise gehen.* Wiesbaden: Gabler.

Henke, Klaus-Dirk, Sabine Troppens, und Grit Braeseke, et al. 2011. *Volkswirtschaftliche Bedeutung der Gesundheitswirtschaft. Innovationen, Branchenverflechtung, Arbeitsmarkt.* Baden-Baden: Nomos.

Hiez, David, und Eric Lavillunière (dir.). 2013. *Vers une théorie de l'économie sociale et solidaire.* Brüssel: Editions Larcier.

HM Government. 2012. *Growing the social investment market.* London: HMG social investment initiatives.

Howard, Ellie. 2012. *Challenges and opportunities in social finance in the UK.* London: Cicero Group.

Kay, Alan. 2006. Social capital, the social economy and community development. *Community Development Journal* 41 (2): 160–173.

Kyrer, Alfred. 2001. *Neue Politische Ökonomie 2005.* München: R. Oldenbourg.

Le Grand, Julian. 1991. Quasi-markets and social policy. *The Economic Journal* 1001 (408): 1256–1267.

Le Grand, Julian. 2007. *The other invisible hand. Delivering public services through choice and competition.* Princeton: Princeton University Press.

List, Friedrich. 1841. *Das nationale System der Politischen Oekonomie.* Stuttgart: Cotta.

Löchel, Horst. 2003. *Mikroökonomik. Haushalte, Unternehmen, Märkte.* Wiesbaden: Gabler.

Mook, Laurie, Jack Quarter, und Sherida Ryan, Hrsg. 2012. *Businesses with a difference. Balancing the social and the economic.* Toronto: University of Toronto Press.

Mühlbauer, Bernd H., Fabian Kellerhof, und David Matusiewicz, Hrsg. 2012. *Zukunftsperspektiven der Gesundheitswirtschaft.* Münster: Lit.

Neubauer, Günter. 2007. Von der Sozialversicherung zur Gesundheitswirtschaft. In *Öffentliche Finanzen und Gesundheitsökonomie,* Hrsg. Hans Adam, et al., 200–211. Baden-Baden: Nomos.

Normann, Richard, und Nikas Arvidsson, Hrsg. 2006. *People as care catalysts. From being patient to becoming healthy.* Chichester: Wiley.

OECD. 2011. *How's life? Measuring well-being.* Paris: OECD.

Opaschowski, Horst W., Michael Pries, und Ulrich Reinhardt, Hrsg. 2007. *Freizeitwirtschaft. Die Leitökonomie der Zukunft.* Münster: Lit.

Ostrom, Elinor. 1990. *Governing the commons. The evolution of institutions for collective action.* Cambridge: Cambridge University Press.

Ostrom, Elinor. 1999. *Die Verfassung der Allmende. Jenseits von Markt und Staat.* Tübingen: Mohr.

Piorkowsky, Michael-Burkhard. 2011. *Alltags- und Lebensökonomie. Erweiterte mikroöko-nomische Grundlagen für finanzwirtschaftliche und sozioökonomisch-ökologische Ba-siskompetenzen*. Bonn: Bonn University Press.

Pölitz, Karl Heinrich Ludwig. 1825. *Grundriß für encyklopädische Vorträge über die ge-sammten Staatswissenschaften*. Leipzig: J.C. Hinrich.

Powell, Martin, Hrsg. 2007. *Understanding the mixed economy of welfare*. Bristol: Policy Press.

Razavi, Shahra, und Silke Staab, Hrsg. 2012. *Global variations in the political and social economy of care: Worlds apart*. New York: Routledge.

Reid, Margaret. 1934. *Economics of household production*. New York: Wiley.

Richarz, Irmintraut. 1991. *Oikos, Haus und Haushalt. Ursprung und Geschichte der Haus-haltsökonomik*. Göttingen: Vandenhoeck & Ruprecht.

Rousseau, Jean-Jacques. 1977. Abhandlung über die Politische Ökonomie. In *Politische Schriften*. Band I, Hrsg. Jean-Jacques Rousseau, 9–57. Paderborn: Schöningh.

Sachverständigenrat. 2001. *Gutachten 2000/2001 des Sachverständigenrats für die Kon-zertierte Aktion im Gesundheitswesen: Bedarfsgerechtigkeit und Wirtschaftlichkeit*. Band III. Über-, Unter- und Fehlversorgung. Berlin: Bundestags-Drucksache 14/6871.

Steuart, James. 1767. *An inquiry into the principles of political economy. being an essay on the science of domestic policy in free nations, in which are particularly considered popu-lation, agriculture, industry, trade, money, coin, interest, circulation, banks, exchange, public credit, and taxes*. London: Printed for A.Millar and T.Cadell.

Then, Volker, und Konstantin Kehl. 2012. Soziale Investitionen: Ein konzeptioneller Ent-wurf. In *Soziale Investitionen. Interdisziplinäre Perspektiven*, Hrsg. Helmut K. Anheier, Andreas Schröer, und Volker Then, 39–86, Wiesbaden: VS Verlag für Sozialwissenschaf-ten.

Utting, Peter, Hrsg. 2015. *Social and solidarity economy. Beyond the Fringe?* London: Zed Books.

Wendt, Wolf Rainer. 1982. *Ökologie und soziale Arbeit*. Stuttgart: Ferdinand Enke.

Wendt, Wolf Rainer. 2007. Zum Stand der Theorieentwicklung in der Sozialwirtschaft. In *Sozialwirtschaft und Sozialmanagement in der Entwicklung ihrer Theorie*, Hrsg. Wolf Rainer Wendt und Armin Wöhrle, 19–100. Augsburg: Ziel.

Wendt, Wolf Rainer. 2010. Wohlfahrt als Wert. *Sozialwirtschaft. Zeitschrift für Sozialma-nagement* 20 (2): 7–9.

Wendt, Wolf Rainer. 2011. *Der soziale Unterhalt von Wohlfahrt. Elemente der Sozialwirt-schaftslehre*. Baden-Baden: Nomos.

Wendt, Wolf Rainer. 2014. Die Geschichte der Sozialwirtschaft. Herkommen und Entwick-lung. In *Lehrbuch der Sozialwirtschaft*. 4. Aufl., Hrsg. Ulli Arnold, Klaus Grunwald, und Bernd Maelicke, 64–85. Baden-Baden: Nomos.

Zum Weiterlesen

Wendt, Wolf Rainer. 2015. *Soziale Versorgung bewirtschaften. Studien zur Sozialwirtschaft*. Baden-Baden: Nomos.

Wüthrich, Bernadette, Jeremias Amstutz, und Agnés Fritze, Hrsg. 2015. *Soziale Versorgung zukunftsfähig gestalten*. Wiesbaden: Springer.